31 Días

PARA VIVIR COMO UN NUEVO CREYENTE

R. LARRY MOYER

EVANTELL
El Evangelio. Claro y Sencillo.

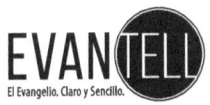

¡Bienvenido a la familia entendiendo su nueva relación con Dios y con los demás!

31 Days to Living as a New Believer
© 2002 by R. Larry Moyer

Primera edición en castellano: 31 días para vivir como un nuevo creyente, © 2020 por R. Larry Moyer y publicado por EvanTell Inc. Dallas, Texas 75370.

Ninguna parte de esta publicación podrá reproducirse de cualquier forma sin permiso escrito previo de los editores, con la excepción de citas breves en revistas o reseñas.

A menos que se indique lo contrario, todas las citas bíblicas han sido tomadas de la versión New King James. Copyright © 1979, 1980, 1982, Thomas Nelson, Inc., Publishers.

Diseño de portada: Holly Morrison, Fotografía por Tiffany Hopwood.
Revisión: D'Jery Flores

Publicado por EvanTell Inc.
PO Box 703929
Dallas, TX 75370

ISBN 978-1-7330505-3-1

Printed in the United States of America
1 2 3 4 5 / 06 05 04 03 02

*A la memoria de Bill Rodenberg,
uno de los instructores certificados del entrenamiento
Tú Puedes Compartirlo, de EvanTell.
La pasión que consumía su vida
era llevar a Cristo a la gente que no le conoce.*

PREFACIO

¡ESPERE UN MINUTO!

(No continúe sin leer esto primero).

¡Felicitaciones! Al haber confiado en Cristo, usted ha comenzado una vida de primera clase.

¿Por qué? ¿Será porque no tendrá más problemas, dolores de cabeza o sufrimientos? No, sí habrá mucho de eso.

Hay dos cosas que hacen que la vida cristiana sea de primera clase. Por una parte, usted sabe que cuando muera estará en la presencia del Rey de reyes, Jesucristo, por siempre. Nada puede cambiar eso. Juan 5:24 lo promete: "Ciertamente les aseguro que el que oye mi palabra y cree al que me envió tiene vida eterna y no será juzgado, sino que ha pasado de la muerte a la vida". Su vida eterna está garantizada porque usted aceptó lo que Cristo Jesús hizo por usted en la cruz. Él murió como su sustituto y se levantó de la muerte. Al creer en Cristo, usted tiene vida eterna, no por causa de lo que usted hizo por Él, sino por lo que Él hizo por usted.

En segundo lugar, usted acaba de encontrarse con aquel que quiere convertirse en su mejor y más querido amigo. Cristo Jesús no está solamente con usted, Él está viviendo dentro de usted. El apóstol Pablo, uno de los hombres que Dios usó para escribir la Biblia, habló acerca de Cristo como alguien que vivía dentro de él: "He sido crucificado con Cristo, y ya no vivo yo, sino que Cristo vive en mí. Lo que ahora vivo en el cuerpo, lo vivo por la fe en el Hijo de Dios, quien me amó y dio su vida por mí" (Gálatas 2:20). Él es su amigo y quiere ayudarlo con todo lo que tenga que enfrentar en la vida, sin excepción. Esa es la razón por la que usted querrá conocerlo mejor.

Y es allí donde yo quiero ayudarlo. Quiero ayudarlo a conocerlo mejor a Él. He llamado este libro devocional "31 días para vivir como un nuevo creyente" porque contiene treinta y una verdades, verdades que hubiera deseado que alguien me dijera cuando vine a Cristo. No solo me hubieran ayudado enormemente para ajustarme a mi nueva vida en Cristo, sino que hubiera comenzado a crecer más rápido.

Hablaremos de todo, desde la tentación de hacer algo malo, hasta nuestras luchas aún cuando estamos haciendo lo correcto. Hablaremos de cosas relacionadas con su familia natural y con su familia de la iglesia. Usted descubrirá que es emocionante conocerlo y caminar con Él un día a la vez.

¿Está listo? Está a punto de comer en el bufé de la Palabra de Dios, digiriendo verdades que le convertirán en un cristiano espiritualmente fuerte.

> Su hermano en la familia eterna de Dios:
> R. Larry Moyer

DÍA 1

SU NUEVA VIDA TIENE QUE VER CON RELACIÓN, NO CON RELIGIÓN.

Lectura bíblica
Vengan a mí todos ustedes que están cansados y agobiados, y yo les daré descanso. Carguen con mi yugo y aprendan de mí, pues yo soy apacible y humilde de corazón, y encontrarán descanso para su alma. Porque mi yugo es suave y mi carga es liviana.
Mateo 11:28-30.

Reflexión
Para mí, la religión siempre se quedó corta. A veces la encontré confusa y frustrante. Sentía que nunca podría ser suficientemente bueno para que Dios me aceptara y nunca estaba seguro de cuán bueno tenía que ser para para ser suficientemente bueno. Malinterpreté la enorme diferencia entre religión y Cristo.

En los versículos anteriores, Cristo Jesús invitó a aquellos que "están cansados y agobiados" a venir a Él. Las dos más grandes facciones religiosas de los tiempos de Cristo establecieron una enorme cantidad de regulaciones que debían seguirse para ser aceptados por Dios. Los líderes religiosos insistieron en hacer cumplir una lista interminable de cosas que hacer y que no hacer. ¡Una de esas regulaciones incluso estipulaba ciertos días en los cuales uno no podía golpear a un burro con el látigo! Usted puede imaginar cuán confusas, agotadoras y frustrantes eran esas regulaciones.

Cristo estaba firmemente interesado en que nosotros entendiéramos cuán diferentes son sus instrucciones. La palabra "yugo" se refiere a una armazón de madera colocada sobre los hombros que facilita llevar una carga. En los versículos anteriores, "yugo" se refiere a las instrucciones de Cristo sobre cómo vivir una vida que agrada a Dios. Pero, ¿por qué su yugo es tan diferente?

Primero, usted ha sido salvado a través de su fe personal en Cristo, de modo que usted no está viviendo para Él a fin de ser aceptado por Dios. Usted está viviendo para Él porque ya ha sido aceptado por Dios. En segundo lugar, usted está viviendo para alguien que es "apacible y humilde de corazón"; humilde, no arrogante. Esa clase de persona es fácil de seguir. Tercero, mientras Él le está enseñando a cómo vivir, está allí mismo dándole fortaleza. Por eso exclamó: "mi yugo es suave y mi carga liviana".

Si usted lo hace mal, Él es compasivo y comprensivo, lo perdona y lo ayuda para que sea más fuerte la próxima vez. Vivir para Él se convierte en un deleite, no en un deber, porque vivir para Él se centra en una relación, no en regulaciones. La religión puede ser pesada. Una relación con Cristo es un alivio.

Ilustración

Un libro llamado Mushrooms on the Moor (Hongos en el Páramo) cuenta la historia de un creyente que sabía que en el centro de la vida cristiana estaba una relación con aquel que había muerto por él. Finalmente, el creyente enfermó y quedó confinado a la cama. Allí le trajeron un documento que requería su firma. Tomó un lápiz, lo sostuvo por un largo rato, y después firmó el documento. Luego cayó sobre su almohada, muerto. Entonces se hizo evidente el agradecimiento que el creyente tenía por su Salvador y cuán privilegiado se sentía por vivir para Él. En el documento, el creyente no había escrito su nombre, sino el nombre de Jesús, aquel a quien estaba a punto de ver cara a cara.

Meditación

La religión se enfoca en las regulaciones que usted debe cumplir para ser aceptado por Dios. La vida cristiana está enfocada en su relación con Dios, una relación hecha posible porque a través de Cristo, Él lo ha aceptado a usted.

Oración

Tome un momento para alabar a Dios por conducirle a una relación eterna con el Salvador. Dele gracias porque ahora puede vivir para Él por gratitud y placer.

DÍA 2

¡ORAR! ¡ORAR! ¡ORAR! ¡ORAR! ¡ORAR!

Lectura bíblica
Oren sin cesar.
1 Tesalonicenses 5:17.

Reflexión

Considere lo que ha aprendido acerca de Jesucristo hasta ahora. Si usted hubiera pasado tres años con Él, como lo hicieron sus doce discípulos, ¿qué habría querido que le enseñara?

¿Sabe lo que ellos pidieron? Le dijeron: "Señor, enséñanos a orar" (Lucas 11:1). Aparentemente estaban impactados porque Él era una persona dada a la oración.

Mientras caminamos en sus pasos y buscamos ser como Cristo, nosotros también necesitamos orar. Mientras más oremos, más llegaremos a depender completamente del Señor. En el final de su carta a los Tesalonicenses, el apóstol Pablo mencionó muchas cosas vitales para el bienestar espiritual de los creyentes. Incluyó desde no devolver mal por mal hasta dar con un corazón agradecido. En medio de estos mandatos, dijo tres palabras poderosas por su significado: "Oren sin cesar".

¿Significa esto que una persona nunca pare de orar? En un sentido no, y en otro sí. Nadie es capaz de hablar con Dios veinticuatro horas al día. Pero el punto de Pablo es que una actitud de oración es algo que debería caracterizar consistentemente nuestras vidas. Nunca debería haber un día en que no oremos, y algunos días deberíamos hallarnos a nosotros mismos orando muchas veces. La oración llega a ser tan natural como la respiración. Como dijo una vez alguien: "La oración debería salir de tus labios así como el agua sale de un grifo que gotea". Ore cuando se levante y ore una hora después de levantarse. Ore en el camino a su trabajo y ore en el camino a su casa.

¿Y si no tiene tiempo para orar? Orar no es cuestión de tener tiempo, sino de tomar el tiempo, de saber cuán importante es la oración. ¿Y si no sabes cómo expresar lo que sientes? No te preocupes por eso. Solo habla con Dios de la misma forma como lo harías con un amigo.

Ilustración

Hace años tuve el privilegio de llevar a una mujer a Cristo. Ella se había divorciado hacía poco tiempo y tenía un niño pequeño. Mientras hablábamos sobre el crecimiento espiritual, subrayé la necesidad de orar. Su comentario fue: "No sé cómo orar". Yo le respondí: "Solo habla con Dios de la misma forma en que le hablarías a un amigo. ¿Por qué no lo hacemos ahora mismo? Solo habla". Ella entonces inclinó su cabeza y dijo: "Querido Dios, soy Clara. Hace tiempo que no has escuchado de mí, pero vamos a hablar mucho más en las próximas semanas". Yo nunca había escuchado una oración tan sincera y con tanto significado. La oración llegó a ser parte normal de su día y la hizo crecer espiritualmente.

Meditación

La persona que lo salvó debería oír más de usted. Hablar con Él es hablar con la persona más cercana a usted.

Oración

Pídale a Dios que haga de la oración una de las partes más importantes de su caminar cristiano. Pídale que le dé el deseo y la persistencia de orar.

DÍA 3

NO HABLE CON DIOS SOLO SOBRE ALGUNAS COSAS. HABLE CON ÉL ACERCA DE TODO.

Lectura bíblica

No se inquieten por nada; más bien, en toda ocasión, con oración y ruego, presenten sus peticiones a Dios y denle gracias. Y la paz de Dios, que sobrepasa todo entendimiento, cuidará sus corazones y sus pensamientos en Cristo Jesús.
Filipenses 4:6-7.

Reflexión

No todo el mundo es alguien con quien es fácil hablar. Algunas personas siempre andan apuradas; si quiere decirles algo, será mejor que se lo diga rápido. Y algunas veces lo que usted quiere decirles es de una naturaleza tan privada, que es muy difícil hacerlo.

Pero eso es lo emocionante acerca de su nuevo amigo, Jesucristo. Él quiere escuchar de usted, y cualquier cosa que sea importante para usted es aún más importante para Él.

Según los versículos anteriores, ¿por cuáles cosas debe usted preocuparse? La respuesta es: ¡por nada! El apóstol Pablo le explicó a los filipenses: "No se inquieten por nada; más bien, en toda ocasión, con oración y ruego, presenten sus peticiones a Dios". La palabra "oración" señala hacia una completa dependencia de Él. La palabra "ruego" se refiere a sus peticiones específicas. Estas peticiones pueden referirse a necesidades espirituales, tales como la necesidad de perdonar a otros, o a necesidades físicas tales como la salud o las finanzas.

Pero note esa otra expresión importante: "en toda ocasión". Cuando Dios dice algo, significa exactamente lo que dijo. Él dice "en toda ocasión" porque significa en toda ocasión. ¿Preocupado por un familiar que está muriendo de cáncer? Hable con Dios acerca de eso. ¿Preocupado por lo impaciente que es usted a veces? Hable con Él. ¿Teme que sus ingresos no sean suficientes para cubrir esas facturas inesperadas este mes? Lléveselo a Él en oración.

¿Qué pasará al hacer esto? Pablo explicó: "Y la paz de Dios, que sobrepasa todo entendimiento, cuidará sus corazones y sus pensamientos en Cristo Jesús". "Cuidará" es un término militar que se refiere a un soldado romano que monta guardia ante el palacio y cuida a todos los que están adentro. Así que Dios está diciendo que si usted lleva todas sus preocupaciones ante Él en oración y las deja allí, una paz indescriptible guardará su corazón y su mente. Él le guardará de un ataque de pánico, de ansiedad o de un colapso mental.

Ilustración

Tom, un creyente, se sentó en su estudio tarde en la noche preocupado por muchas cosas. Sin duda, vinieron a su mente las mismas preocupaciones que vienen a la nuestra: finanzas, salud, el futuro, relaciones. Finalmente, Tom sintió como si el Señor estuviera parado frente a él diciéndole: "Hijo, vete a dormir. Yo me sentaré aquí el resto de la noche". Entonces Tom se dio cuenta de que Dios quería que le dejara esas cargas a Él. Así que le dejó todas esas preocupaciones a Dios y disfrutó de una buena noche de sueño.

Meditación

¡El consuelo de ser cristiano es que solo tenemos que preocuparnos por las cosas que Dios no puede manejar!

Oración

Piense en tres cosas que actualmente le causen una gran ansiedad. Inmediatamente hable con Dios acerca de esas tres cosas. Cada vez que esas cosas vengan a su mente, recuerde dejar la preocupación sobre los hombros de Dios y no sobre los suyos.

DÍA 4

PUEDE PRESENTARLE A CRISTO A SUS AMIGOS, PERO SOLO DIOS PUEDE LLEVAR A SUS AMIGOS A CRISTO.

Lectura bíblica
Nadie puede venir a mí si no lo atrae el Padre que me envió, y yo lo resucitaré en el día final. Juan 6:44.

Reflexión

Ahora que usted es cristiano, probablemente quiera presentarle a Cristo a todo el mundo, especialmente a aquellos que son más cercanos a usted.

Pero hablarle de Cristo a otros, sean amigos o extraños, puede ser frustrante. Puede que ellos no sientan la necesidad de Cristo como usted. Probablemente, a veces se sentirá como levantando los brazos y diciendo: "¿Cómo los alcanzo?"

Tenga cuidado de no asumir la responsabilidad de Dios. Él quiere que usted lleve a Cristo a otros, a cualquier persona, en cualquier lugar. Pero es Dios quien los trae o los "atrae" a ellos a Cristo. Las palabras del Señor no permiten excepciones: "Nadie puede venir a mí si no lo atrae el Padre que me envió".

Piense en su propia conversión. Usted puede haber sido espiritualmente rebelde, o quizás era un religioso, pero no entendía que la vida eterna es un regalo. En todo caso, usted nunca habría visto su necesidad de Cristo si Él, a través del Espíritu Santo, no hubiera comenzado a trabajar en su vida. El Espíritu Santo pudo haber usado a un amigo, un sermón, un tratado, un libro, o solo aquel momento tranquilo cuando usted estaba reflexionando acerca de la vida, o particularmente acerca de la suya. Pero Dios lo trajo a Cristo. Los demás solo podían presentarle a Cristo.

Lo mismo ocurre con aquellos a quienes usted quiere que conozcan a Cristo. Así que pídale a Dios que le dé una oportunidad de presentarles claramente el evangelio. Ore pidiéndole a Dios que les muestre su necesidad y que les lleve al Salvador. (Si no está seguro de cómo presentar el evangelio, escríbanos a EvanTell. Le enviaremos una copia gratuita de nuestro librito "¿Me permite hacerle una pregunta?", el cual le guiará para alcanzar a otros).

Ilustración

En 1998 yo estaba dando una conferencia en Sequim, Washington. Un hombre de 68 años de edad se me acercó y me dijo: "Quiero agradecerle por ser un instrumento en mi salvación". Continuó explicándome: "En 1980 usted habló en una iglesia en Ohio. Yo estuve presente cada noche, pero no respondí a su invitación de confiar en Cristo. Usted estaba tan preocupado por mi salvación que se detuvo en mi casa camino al aeropuerto para hablarme un poco más. Yo aún así me resistí. Pero lo que usted nunca supo es que yo confié en Cristo después que usted se fue, y antes de que llegara al aeropuerto ese mismo día". Por más que traté, en última instancia fue Dios quien tuvo que llevar a ese hombre a Cristo. Yo solo podía presentarle a Cristo.

Meditación

En términos de alcanzar a otros para Cristo, usted puede hacer la conversación, pero es Dios quien hace la conversión.

Oración

Piense en una persona a quien a usted le gustaría ver llegar a Cristo. Pídale a Dios que le dé la oportunidad de hablarle durante esta semana. Y mientras conversa con ella, pídale a Dios que le ayude a entender y reconocer su necesidad del Salvador.

DÍA 5

DEJE QUE JESUCRISTO SEA EL NÚMERO UNO EN SU VIDA.

Lectura bíblica
Mi ardiente anhelo y esperanza es que en nada seré avergonzado, sino que con toda libertad, ya sea que yo viva o muera, ahora como siempre, Cristo será exaltado en mi cuerpo. Porque para mí el vivir es Cristo y el morir es ganancia.
Filipenses 1:20-21.

Reflexión
Antes de que usted fuera creyente, ¿quién era el número uno en su vida? ¿Era acaso su familia, los amigos, el dinero, la fama, el reconocimiento, el éxito, un trabajo, una casa, una moto, un auto? Estas cosas están bien en su lugar apropiado, pero ahora Dios le ha dado algo más grande y mejor en lo cual tener su enfoque principal.

El apóstol Pablo declaró: "Porque para mí el vivir es Cristo y el morir es ganancia". Él decidió que en el centro de su vida estaría una persona: Jesucristo. Todo lo que Pablo dijo y todo lo que hizo fue examinado a través de su relación con el Salvador, la persona a la que más quería agradar. Nada ni nadie tenía más grande control en la vida de Pablo que Cristo.

¿Qué hacía esto tan gratificante? Cuando Pablo muriera no tendría remordimientos. Puesto que había recibido el regalo de la vida eterna, estaría en la presencia de Cristo eternamente. Él tendría más de Cristo que lo que tenía en la tierra. Al momento de la muerte de Pablo, cualquier pérdida que él hubiera sufrido sería simplemente lo que no era número uno en su vida.

Vea la actitud de Pablo de esta manera. Si completamos el pensamiento: "Para mí el vivir es _____" con alguna otra respuesta distinta a Cristo, definitivamente estamos experimentando pérdida en lugar de ganancia. Si por ejemplo decimos: "Para mí el vivir es el dinero", entonces morir es pérdida, porque no podemos llevarnos el dinero con nosotros. Si decimos: "Para mí el vivir es mi posición en el trabajo", morir es pérdida, porque dejamos nuestros trabajos al partir. Si decimos: "Para mí el vivir son los amigos", morir es pérdida porque los amigos se quedarán en la tierra en tanto que nosotros nos vamos al cielo. Sólo cuando vivimos para Cristo y lo mantenemos a Él como número uno en nuestras vidas, la muerte se convierte en ganancia en vez de pérdida. Y cuando entremos al cielo tendremos más de la persona que fue nuestro número uno en la tierra.

Ilustración

El héroe de guerra anglicano Herbert Cragg recibió una vez una carta de un cristiano muy maduro. La posdata de esa carta tuvo un tremendo impacto en su vida: "Para mucha gente, Jesús no significa nada. Para algunos, Jesús significa algo. Pero para muy poca gente, Jesús es todo". No hagas de Jesucristo algo. Hazlo el todo de tu vida. Mantenlo en el primer lugar.

Meditación

En cuanto a aquello que tiene valor eterno, siempre recuerde que Jesucristo puede tomar el lugar de cualquier cosa, pero nada puede tomar el lugar de Cristo.

Oración

Pídale a Dios que le ayude a examinar sus prioridades cada semana. Pídale que le ayude a mantener a Cristo como lo primero en su vida, sobre todos y sobre todo lo demás.

DÍA 6

LAS PRIORIDADES APROPIADAS SON ESENCIALES PARA EL CRECIMIENTO ESPIRITUAL.

Lectura bíblica

Ya que han resucitado con Cristo, busquen las cosas de arriba, donde está Cristo sentado a la derecha de Dios. Concentren su atención en las cosas de arriba, no en las de la tierra.
Colosenses 3:1-2.

Reflexión

Tarde o temprano todo el mundo tiene que establecer prioridades. No importa si está manejando un hogar de cuatro personas o administrando una corporación de cuatrocientas. Priorizar también es importante para su crecimiento como cristiano.

Ahora que usted pertenece a Cristo, el mismo poder que lo levantó a Él de la tumba es suyo también. Usted ha sido "resucitado con Cristo". Como dijimos ayer, Jesucristo tiene que ser su prioridad número uno. Sin embargo, con Él como su primera prioridad, ¿dónde quedan todas las demás cosas de su vida?

Debido a que Jesucristo vive dentro de usted con todo su poder de resurrección, usted tiene la capacidad de vivir en un plano superior. Usted está personalmente relacionado con aquel que se sienta a la diestra de Dios. Su nueva posición y relación le permiten vivir como usted no podría vivir de otra manera.

¿Qué significa vivir en un plano superior? La respuesta se encuentra en dos frases casi idénticas. La Escritura dice: "Busquen las cosas de arriba" y "Concentren su atención en las cosas de arriba". Las cosas que más le importen a usted deben ser las que más le importen a Cristo. Las cosas que son eternas son más importantes que las cosas temporales. Las cosas espirituales son más importantes que las materiales. Las cosas del reino celestial son más importantes que las del reino terrenal.

¿Significa eso que descuidemos a nuestras familias o que seamos irresponsables en nuestros trabajos? Definitivamente no. Tampoco significa que no podamos disfrutar la comodidad de un nuevo hogar o un paseo en nuestro nuevo auto. Dios quiere que apreciemos y disfrutemos esas comodidades. El asunto es dónde ponemos nuestro énfasis y qué tratamos como más importante. Ser santo es más importante que ser popular. La interacción con un vecino que tiene la necesidad de nuestra amistad es más importante que ver un programa de televisión. Nuestro estudio de las Escrituras es más importante que el estudio del mercado de valores. Hablar con Dios en oración es más importante que pasar el tiempo hablando por teléfono.

Lo que está en lo más alto en la lista de prioridades de Cristo debería estar en lo más alto de nuestra propia lista. Lo que está abajo en su lista también debería estar abajo en la nuestra. Crecer como cristiano implica pensar y hacer las cosas en orden de importancia.

Ilustración

En 1851, la reconocida cantante de ópera sueca Jenny Lind fue a la ciudad de Nueva York en la cima de su fama en el mundo de la música. Mientras asistía a un servicio en una iglesia, fue presentada a Cristo y ella decidió confiar en Él como Salvador. Para gran consternación de sus seguidores, el teatro se hizo menos importante para ella en tanto que se enfocaba en objetivos celestiales. Luego, al preguntársele por qué finalmente abandonó el escenario, ella respondió: "Con cada día que pasaba, el negocio del espectáculo me hacía pensar menos en mi Biblia y casi nada en lo que hay más allá de la vida. Entonces, ¿qué más podía hacer?"

Meditación

Si establecemos adecuadamente nuestras prioridades, las cosas celestiales deberían ascender en nuestra lista y las cosas terrenales deberían estar más abajo.

Oración

Examine cuidadosamente lo que es más importante en su vida. Si algo no tiene la prioridad adecuada, pídale a Dios que le ayude a ponerla en el lugar apropiado. Luego pídale a Dios que le ayude semana tras semana a mantener esas prioridades en el lugar correcto.

DÍA 7

¡LA SALVACIÓN ES EL ÚNICO REGALO QUE NUNCA SE PUEDE PERDER!

Lectura bíblica

Yo les doy vida eterna, y nunca perecerán, ni nadie podrá arrebatármelas de la mano. Mi Padre, que me las ha dado, es más grande que todos; y de la mano del Padre nadie las puede arrebatar.
Juan 10:28-29.

Reflexión

Encontré dos cosas muy emocionantes cuando vine por primera vez a Cristo. Esas dos cosas aún me emocionan. Una fue recibir absolutamente gratis su regalo de vida eterna. La otra fue que nunca lo perdería.

Eso es correcto, nunca. En el evangelio de Juan, Jesús se refiere a los cristianos como sus ovejas. Usando el lenguaje más fuerte posible, Él dijo: "Yo les doy vida eterna, y nunca perecerán, ni nadie podrá arrebatármelas de la mano". Cristo usó la inusual palabra "arrebatar" porque su imagen era la de un lobo arrastrando a una oveja lejos del redil. Su punto fue que nada que nosotros hagamos, y nada que nuestro enemigo Satanás haga, puede removernos de Él.

¿Cómo es eso posible? Porque para perder nuestra salvación en Cristo tendría que usarse una fuerza más grande que Dios mismo. Jesús continuó: "Mi Padre, que me las ha dado, es más grande que todos; y de la mano del Padre nadie las puede arrebatar". Somos parte de la familia de Dios para siempre, no por lo fuerte que somos como ovejas, sino por quien es nuestro Pastor. Nuestro Padre celestial es todopoderoso y nos mantiene seguros en Cristo para siempre.

Como cristianos podemos tropezar o caer en pecado. Dios quiere que le confesemos ese pecado, pero nunca nos quita su regalo. Satanás nos atacará de diversas maneras, incluso puede tratar de hacernos desobedientes al Salvador. Pero cuando nos alejamos de Dios, Él nunca se aleja de nosotros.

¡Eso se llama amor! ¡Eso se llama seguridad! Nosotros no lo sostenemos a Él. Estamos seguros en Cristo porque Él nos sostiene a nosotros.

Ilustración

Un alpinista en Los Alpes llegó a un sitio peligroso en su ascenso. La única manera de que pudiera continuar era poniendo su pie en las manos extendidas del guía, quien se había anclado un poco más adelante. El hombre hizo una pausa. Miró hacia abajo al lugar donde caería y moriría si algo salía mal. El guía notó su vacilación y le dijo: "No tengas miedo. ¡En todos mis años de servicio mis manos nunca han perdido a nadie!". Nosotros estamos seguros ahora y estaremos seguros por siempre.

Lo más emocionante de venir a Cristo es que el regalo que más necesitamos es el único regalo que no podemos perder nunca.

Oración

Alabe a Dios por dos cosas: porque Él lo salvó y le dio vida eterna, y porque Él nunca le quitará su regalo. Alabar a Dios por su salvación eterna debería ser una parte habitual de su vida.

DÍA 8

LO QUE SE CONSIGUE EN LA IGLESIA ES UNA BUENA RAZÓN PARA ENTRAR.

Lectura bíblica
Preocupémonos los unos por los otros, a fin de estimularnos al amor y a las buenas obras. No dejemos de congregarnos, como acostumbran hacerlo algunos, sino animémonos unos a otros, y con mayor razón ahora que vemos que aquel día se acerca.
Hebreos 10:24-25.

Reflexión
  Piense en la última vez que usted participó en un equipo deportivo, ya sea un equipo de béisbol de las ligas menores o un juego de bolos. Cuando conectaba un cuadrangular o hacía una chuza, el equipo completo lo aplaudía. Si usted ganaba el juego, todos ganaban. Si

usted perdía el juego todos perdían. Ustedes experimentaron juntos los altibajos, como un equipo.

Lo mismo sucede cuando los creyentes se reúnen en una iglesia local. El escritor de Hebreos estaba preocupado porque algunos creyentes estaban descartando la necesidad de estar juntos. Él los animó a no renunciar o abandonar su tiempo juntos. Pero, ¿por qué es importante reunirse como creyentes?

La razón que da Pablo es positiva y productiva. Es la manera como nos "preocupamos los unos por los otros, a fin de estimularnos al amor y a las buenas obras". Dios nunca quiso que la vida cristiana fuera vivida en solitario. Cuando nos reunimos como creyentes, tenemos un Salvador en común, Jesucristo. Pero también tenemos experiencias comunes. Tal vez estamos desanimados porque tenemos a un pariente no cristiano que representa mal a la familia. Quizás tengamos cosas por solucionar por causa de nuestros pecados pasados. Podríamos estar luchando con algún problema de salud o alguna dificultad en el trabajo.

Al reunirnos en la iglesia local podemos expresar preocupación y aliento mutuos.

Podemos orar unos con otros y por los demás. Podemos cantar alabanzas juntos para ayudarnos a enfocarnos en las maravillas de Dios. Podemos estudiar la Escritura juntos y nutrirnos de las ideas y observaciones de cada uno.

Animarnos unos a otros debería aumentar a medida que esperamos la segunda venida de Cristo, lo que el escritor de Hebreos llama "el día que se acerca". Sabiendo que Él podría regresar en cualquier momento, deberíamos estar más ansiosos de reunirnos y animarnos unos a otros a permanecer fieles a Cristo.

A través de la participación en una iglesia local, usted puede ser fortalecido y usado por Dios para fortalecer a otros.

Ilustración

Un conductor que viajaba de Alberta a Yukón no sabía que se necesitaba tracción en las cuatro ruedas para pasar por un determinado lugar en las montañas. En el desayuno, antes del viaje, dos camioneros le advirtieron: "Este paraje es muy peligroso con un clima como este". Sin embargo, el conductor insistió: "Estoy decidido a intentarlo". Uno de los camioneros le respondió: "Bueno, entonces, supongo que tendremos que abrazarle". Continuó explicando: "Pondremos un camión por delante de su auto y el otro detrás. El de enfrente irá abriendo camino y avisando de cualquier peligro que se presente, en tanto que el camión trasero irá detrás para ayudarle si se le presenta algún problema. Lo llevaremos a través de la montaña". Así lo hicieron y el conductor pasó con seguridad por el paraje. En este pasadizo llamado vida, nuestra participación en una iglesia local es una forma de "abrazarnos" y animarnos unos a otros.

Meditación

La iglesia es un lugar donde podemos entrar desanimados y salir animados.

Oración

Pídale a Dios que le ayude a encontrar una iglesia que enseñe una porción de la Escritura cada domingo. Asista regularmente y pídale a Él que le rodee con gente con quien pueda practicar el ánimo mutuo.

DÍA 9

LAS TENTACIONES VENDRÁN, PERO DIOS SIEMPRE LE DARÁ LA SALIDA.

Lectura bíblica

Ustedes no han sufrido ninguna tentación que no sea común al género humano. Pero Dios es fiel, y no permitirá que ustedes sean tentados más allá de lo que puedan aguantar. Más bien, cuando llegue la tentación, él les dará también una salida a fin de que puedan resistir.
1 Corintios 10:13.

Reflexión

¡Cuando usted llegó a Cristo, Satanás perdió! Él lo quería como parte de su reino, un eterno infierno. A través de Cristo, usted está ciertamente seguro de entrar al cielo; es como si usted ya estuviera allí.

Puesto que Satanás no puede cambiar su destino eterno, él tratará de evitar que usted impacte a otros para Cristo a través de su vida y testimonio. Él hará eso usando la tentación, seduciéndolo para que haga lo malo. Siempre usará su área más débil, ya sea la inmoralidad, adicción a las drogas, el orgullo o el chisme. No se sorprenda, espere la tentación.

El apóstol Pablo se dirigió a los cristianos en Corinto, quienes también enfrentaron la tentación. Él les dijo tres cosas que pueden aplicarse hoy también. Primero, las tentaciones que enfrentamos son las mismas que cualquier cristiano enfrenta. Son tentaciones comunes a los seres humanos. No hay nada espiritualmente malo con nosotros porque seamos tentados.

La segunda cosa que Pablo nos dice es que Dios nunca nos dejará ser tentados más allá de lo que podamos aguantar. Dios conoce nuestros límites y Él, no Satanás, está en control. Por lo tanto, si cedemos a la tentación no podemos excusarnos diciendo: "Simplemente no pude soportarlo más". Si la tentación hubiera sido más de lo que podíamos soportar, Dios no la habría permitido.

La tercera cosa que Pablo nos dice en 1 Corintios 10:13 es cómo Dios nos ayuda a experimentar la victoria sobre cada tentación. Él siempre provee una vía de escape. Si la tentación tiene que ver con la pornografía, podemos evitar determinados sitios web que hemos frecuentado. Si la tentación tiene que ver con la ira incontrolada, podemos evitar hablar o hacer cosas hasta que esas emociones se aplaquen. Pero Dios siempre provee una vía para escapar de la tentación.

Haga todo lo que pueda para evitar situaciones en las cuales usted es tentado, pero cuando sea tentado, busque una vía de escape. ¡Está allí!

Ilustración

Después de la Revolución Francesa, el hijo de Luis XVI de Francia fue entregado a hombres viciosos que lo sometieron a las peores influencias posibles. Ellos deseaban deshonrar su nombre y posición y burlarse de la corte real. Ante todas las tentaciones, el príncipe respondió: "No puedo hacer eso porque soy el hijo de un rey". Cuando se sienta tentado a hacer algo malo, recuerde que usted es un hijo del Rey. Elija su escape, no la tentación de Satanás.

Meditación

Cuando la tentación golpea, es responsabilidad de Dios proveer la vía de escape. Usted tiene la responsabilidad de tomarla.

Oración

Pídale a Dios que le ayude a estar alerta en las áreas de su vida en las cuales usted es especialmente vulnerable a la tentación. Sea obediente en decir sí a la vía de escape y no a la tentación.

DÍA 10

DIOS LE PRESENTA UNA EMOCIONANTE OPORTUNIDAD. SE LLAMA DISCIPULADO.

Lectura bíblica
Entonces llamó a la multitud y a sus discípulos. —Si alguien quiere ser mi discípulo —les dijo—, que se niegue a sí mismo, lleve su cruz y me siga. Marcos 8:34.

Reflexión
  A medida que crece espiritualmente, usted querrá invertir su vida, no solo pasar por las actividades que forman parte de ella. Querrá saber que su vida cuenta para algo que le importa a Dios.

  Es la razón por la cual Dios le invita a ser su discípulo. La palabra discípulo significa "aprendiz". Un discípulo en crecimiento es una persona que ha confiado en Cristo, está siguiéndole y está completamente rendido a lo que Dios quiera hacer con su vida. Dios usa a algunos discípulos en vocaciones seculares y a otros en el ministerio cristiano.

¡Una advertencia! Mientras que nuestra salvación eterna es un regalo, el discipulado implica un costo. Observe las frases que Dios usa para explicar lo que es el discipulado y el costo que ello implica.

"Niéguese a sí mismo". Debemos estar dispuestos a ceder la propiedad o control de nuestras vidas. En lugar de preguntar: "¿Qué quiero hacer con mi vida?", debemos preguntar: "¿Qué quiere hacer Dios con mi vida?". En lugar de dirigir a Dios, debes dejar que Él te dirija a ti.

"Lleve su cruz". La cruz representaba humillación y era el método por el cual eran castigados los peores criminales. Llevar la cruz se refiere al ridículo y la persecución que a veces sufrimos cuando tomamos una posición por el Salvador. Algunos incluso han sufrido la muerte física debido a su compromiso con Cristo.

"Sígame". Dios quiere que aprendamos de Él diariamente lo que constituye una vida piadosa y que luego respondamos en obediencia. Sus instrucciones podrían ser en el área de la paternidad o la oración. Él quiere que aprendamos a vivir una vida que le honre para que luego la vivamos.

Aunque el discipulado implica un costo, vale la pena. Su vida cuenta para algo eterno porque Él le dirige y le usa. Dios sabe mejor que nadie cómo su vida puede contar.

Ilustración

En su libro Priority One (Prioridad Uno), Norm Lewis cuenta que alguien le preguntó a Emily Post, la notable autoridad sobre modales, qué hacer si una invitación a la Casa Blanca generaba un conflicto por coincidir con un compromiso anterior. Ella respondió: "Una invitación a la Casa Blanca es un compromiso que precede a cualquier compromiso anterior". Una invitación al discipulado tiene una prioridad tal que no debería ser rechazada.

Meditación

A la luz del costo que Cristo pagó para que nosotros pudiéramos llegar a ser cristianos, ningún costo es demasiado grande para que seamos llamados discípulos de Él.

Oración

Piense cuidadosamente acerca del costo de ser un discípulo. Luego, si está preparado para serlo, dígale a Dios en oración: "Me rindo a ti como tu discípulo. Úsame como quieras".

DÍA 11

TÚ NO PUEDES VIVIR LA VIDA CRISTIANA. ES IMPOSIBLE.

Lectura bíblica
He sido crucificado con Cristo, y ya no vivo yo, sino que Cristo vive en mí. Lo que ahora vivo en el cuerpo, lo vivo por la fe en el Hijo de Dios, quien me amó y dio su vida por mí.
Gálatas 2:20.

Reflexión
    Dios no lo ha llamado a usted a una vida fácil. Él lo ha llamado a una vida imposible. Usted no puede vivir, ni interna ni externamente, la vida que Dios quiere que usted viva.

    Pero la gran noticia es que Dios no espera que lo haga. Más bien, Él quiere que usted lo deje vivir a través de usted.

    En el versículo anterior, Pablo habló de

dos cosas, sin las cuales nadie puede vivir para Cristo. La primera puede ser llamada identificación. Cuando Pablo dice "he sido crucificado con Cristo", no quiere decir que fue colgado en una cruz al lado de Cristo. Más bien se dio cuenta de que sus buenas obras no lo harían aceptable ante Dios. En cambio, sólo podía ser completamente justo ante los ojos de Dios a través de la obra sustitutiva de Jesús en la cruz. Por haber confiado en Cristo, Pablo sabía que estaba identificado con Él en su muerte y resurrección. Cristo estaba viviendo espiritualmente en Pablo. Ya no tenía que ser controlado por el pecado, sino que podía vivir en el poder que levantó de la tumba al Salvador.

La segunda cosa que necesitamos para vivir para Cristo es dependencia. Pablo continuó: "Lo que ahora vivo en el cuerpo, lo vivo por la fe en el Hijo de Dios, quien me amó y dio su vida por mí". Pablo sabía que solo a través del poder de Cristo podía amar, perdonar, practicar autocontrol, tener una vida de oración consistente, ser un testigo positivo y todo lo demás que es parte de una vida que honra a Dios.

Usted no puede acercarse a la vida cristiana diciendo: "Yo puedo hacer esto". Más bien, usted debe acercarse diciendo: "Dios, con tu ayuda yo puedo hacer esto". Su identificación con Cristo le libera del control del pecado. Su dependencia de Cristo le ayuda a vivir una vida que no podría vivir de otra manera.

Ilustración

El 12 de junio de 1979, un hombre de 26 años hizo historia en la aviación. Cruzó el Canal de la Mancha volando un aeroplano de propulsión humana. A medida que se alejaba de Inglaterra y volaba durante tres horas, rara vez estuvo a más de 5 metros sobre el agua. Finalmente, después de cubrir veinticuatro kilómetros, aterrizó exhausto en una playa en Francia. Para una corta distancia, tal hazaña fue posible. Sin embargo, el vuelo propulsado por humanos no es una forma práctica de transporte. Ningún humano puede sostener la energía necesaria para completar largos y repetidos vuelos. Igualmente, no podemos vivir la vida cristiana pedaleando con nuestras propias fuerzas. En su lugar, debemos depender de Cristo para vivir su vida a través de nosotros.

Meditación

Dios le pide que dependa de Cristo para

vivir una vida tan sobrenatural que solo Él puede vivirla.

Oración

Confiésele a Cristo que usted no puede vivir la vida que Él quiere que usted viva. Pídale que le mantenga siempre consciente de que Él vive dentro de usted, y que debe depender diariamente de Él para vivir su vida a través de usted.

DÍA 12

MANTENGA SUS OJOS EN CRISTO, NO EN LOS CRISTIANOS.

Lectura bíblica
Por tanto, también nosotros, que estamos rodeados de una multitud tan grande de testigos, despojémonos del lastre que nos estorba, en especial del pecado que nos asedia, y corramos con perseverancia la carrera que tenemos por delante. Fijemos la mirada en Jesús, el iniciador y perfeccionador de nuestra fe, quien, por el gozo que le esperaba, soportó la cruz, menospreciando la vergüenza que ella significaba, y ahora está sentado a la derecha del trono de Dios.
Hebreos 12:1-2.

Reflexión
Cualquier cristiano concienzudo quiere vivir una vida que aliente a los demás. Pero no sea ingenuo, los cristianos fallan. Por eso,

para que no nos decepcionen, es necesario que mantengamos los ojos en Cristo, no en los cristianos.

Hebreos 11 menciona a hombres y mujeres de fe, a los que se refiere como "una multitud tan grande de testigos". Confiaron en Dios para hacer lo imposible. Sin embargo, ¿sobre quién les dijo el escritor de Hebreos a sus lectores que debían enfocar su mirada?

Si bien es cierto que las figuras del Antiguo Testamento que el escritor menciona eran admirables, les dijo que aquel en quien debían enfocar su mirada era Jesús, "el iniciador y perfeccionador de nuestra fe". Como iniciador, Él va delante de nosotros, abriendo camino, por así decirlo, y nos ha llevado hasta Él, nos ha dado su regalo de vida eterna, y ha trazado el camino para que lo sigamos. Como perfeccionador, Él terminó la tarea con éxito. Después de soportar la cruz y su terrible vergüenza, tomó su posición exaltada a la diestra del trono de Dios.

Qué modelo, qué líder para enfocar nuestra mirada. Muchos cristianos nos animarán, pero en algún momento esos mismos cristianos pueden decepcionarnos. Al seguir a Cristo como nuestro ejemplo, nunca seremos defraudados ni tendremos remordimientos. Cuando nos unamos a Él en el cielo, nosotros también compartiremos la victoria que Él ha experimentado.

Ilustración

Se cuenta la historia de Ciro, el fundador del imperio persa, quien capturó a un príncipe y a su familia. Él le preguntó al prisionero: "¿Qué me darás si te libero?" El príncipe le respondió: "La mitad de mis riquezas". Ciro le preguntó: "¿Y si libero a tus hijos?" El príncipe respondió: "Todo lo que poseo". Ciro continuó: "¿Y si dejo en libertad a tu esposa?" El príncipe respondió: "A mí mismo". Ciro quedó tan impactado por la devoción del prisionero que los dejó en libertad a todos. Cuando la familia regresó a su hogar, el príncipe le preguntó a su esposa: "¿No es Ciro un hombre apuesto?" Con el amor por su esposo reflejado en sus ojos, ella respondió: "No me di cuenta. Yo sólo podía mantener mis ojos en ti, el único que estaba dispuesto a darse por mí".

Meditación

Como creyentes, nuestro primer enfoque debe ser siempre Cristo, no los cristianos.

Oración

Pídale a Dios que usted mantenga sus ojos en Jesucristo. Pídale que le ayude a mirar la vida cristiana como si fuera una carrera, y con paciencia y disciplina vivir diariamente la vida que Él quiere que usted viva.

DÍA 13

SIÉNTASE ANIMADO (PERO NUNCA SATISFECHO) POR DONDE USTED SE ENCUENTRA ESPIRITUALMENTE.

Lectura bíblica

No es que ya lo haya conseguido todo, o que ya sea perfecto. Sin embargo, sigo adelante esperando alcanzar aquello para lo cual Cristo Jesús me alcanzó a mí. Hermanos, no pienso que yo mismo lo haya logrado ya. Más bien, una cosa hago: olvidando lo que queda atrás y esforzándome por alcanzar lo que está delante, sigo avanzando hacia la meta para ganar el premio que Dios ofrece mediante su llamamiento celestial en Cristo Jesús.
Filipenses 3:12-14.

Reflexión

El descontento puede destruirnos. Si no estamos satisfechos con nuestros ingresos, podríamos convertirnos en codiciosos y materialistas. Si no estamos satisfechos con nuestra apariencia, podríamos volvernos personas egoístas y vanas. Si no estamos satisfechos con nuestra pareja, podríamos llegar a ser inmorales y caer en adulterio.

En un área, sin embargo, el descontento puede ser usado a nuestro favor para estimular el crecimiento espiritual. Siéntase animado, pero nunca satisfecho por el lugar donde se encuentra espiritualmente.

Piense en Pablo. Aunque su conocimiento de Cristo fue más y más profundo, Pablo sintió que nunca conocería a Cristo lo suficiente. Al decir "olvidando lo que queda atrás", Pablo probablemente no estaba pensando en los fracasos del pasado y los errores por los cuales había sido perdonado. Más bien, probablemente se refería a sus logros pasados y su crecimiento espiritual. Por más grande que hubiera sido cualquier crecimiento pasado o éxitos espirituales que Pablo experimentara, mayores cosas aún estaban por delante.

Él dijo "sigo adelante esperando alcanzar

aquello para lo cual Cristo Jesús me alcanzó a mí". La imagen es la de un atleta tan decidido a ganar una carrera que mientras corre, su cuerpo está inclinado y su cara echada hacia adelante. Pablo estaba diciendo que la dirección de su vida era hacia arriba y hacia adelante. Nada emocionaba más a Pablo que la idea de estar un día parado ante el Señor y ser recompensado abundantemente. "Simplemente, no puedo tener suficiente", resumía su apetito espiritual.

¿Conoce usted a Cristo más profundamente de lo que lo conocía el mes pasado? ¿Es usted más fuerte espiritualmente ahora que hace seis meses? ¿Está usted enfocado en dónde está o en dónde necesita estar? Cuando se trata de crecimiento espiritual, es realmente recomendable estar insatisfecho.

Ilustración

John J. Audubon es considerado una de las principales autoridades de la vida silvestre. A menudo se acurrucaba en un pantano durante horas, semana tras semana, solo para aprender un hecho adicional sobre un solo pájaro. De hecho, durante un verano iba diariamente a los pantanos cerca de Nueva Orleans para observar unas tímidas aves acuáticas. Se quedaba de pie en el agua casi estancada, apenas respirando, mientras le pasaban cerca serpientes venenosas y grandes lagartos. Sin embargo, cuando hablaba de su trabajo, obviamente no estaba satisfecho de haber aprendido lo suficiente sobre algún pájaro en particular. Siempre quería saber más.

Cuando se trata de nuestro crecimiento spiritual, Dios desea que siempre queramos aprender más de Cristo, profundizar nuestro conocimiento y caminar con Él.

Meditación

Espiritualmente hablando, donde usted está en este momento debe ser un trampolín, no una parada.

Oración

Pídale a Dios que le dé dos cosas: inconformidad por donde usted está ahora y determinación para conocerle mejor.

DÍA 14

LA VIDA EN EL CIELO ES GRATIS. LA RECOMPENSA EN EL CIELO SE GANA.

Lectura bíblica
¡Miren que vengo pronto! Traigo conmigo mi recompensa, y le pagaré a cada uno según lo que haya hecho.
Apocalipsis 22:12.

Reflexión
    Cuando usted muera, el cielo no es lo único que Dios le dará. Hay otras cosas que están reservadas para usted y Dios quiere darle un montón de ellas. Esas cosas son llamadas recompensas, y son la respuesta de Dios a la forma como usted haya vivido para Él y le haya servido.

    Nosotros no podemos ganarnos la vida eterna. Ella nos es dada como un regalo en el momento cuando confiamos en Cristo. Efesios

2:8-9 claramente nos dice: "Porque por gracia ustedes han sido salvados mediante la fe; esto no procede de ustedes, sino que es el regalo de Dios, no por obras, para que nadie se jacte". Y se nos dice: "Porque somos hechura de Dios, creados en Cristo Jesús para buenas obras, las cuales Dios dispuso de antemano a fin de que las pongamos en práctica (v.10)". Cuando vivimos para Cristo y hacemos buenas obras, Dios nos promete recompensas en el cielo. Mientras la vida eterna en el cielo es gratis, la recompensa en el cielo es ganada y está basada en la fiel obediencia al Salvador.

Juan, el hombre a quien Dios usó para escribir el libro de Apocalipsis, habló de la recompensa en conexión con la segunda venida del Salvador. Dos cosas deben emocionarlo a usted como cristiano acerca de esa verdad.

Una, es que Jesucristo mismo está trayendo la recompensa. Ninguna persona más grande que el Salvador que murió por usted en una cruz podría repartir las recompensas. Su énfasis en "vengo pronto" significa que debemos esperarle en cualquier momento, aunque pudiera no regresar durante nuestra vida.

Dos, su recompensa está directamente

relacionada con nuestro servicio para Él. "Le pagará a cada uno según lo que haya hecho". Ninguna obra hecha para Cristo pasa desapercibida y ninguna fidelidad es dejada sin recompensa. La Biblia no nos deja saber todos los detalles relacionados con esas recompensas, pero el énfasis en la Escritura es que seremos recompensados.

Usted puede ver cómo la distinción entre la salvación y la recompensa en el cielo muestran tanto el amor como la justicia de Dios. Él es tan amoroso que cualquiera que quiera puede venir a Cristo y recibir su regalo de la vida eterna. También es justo, porque habrá una recompensa esperando por nosotros en el cielo directamente relacionada con la manera en que vivamos para Él ahora.

Ilustración

Durante una celebración en Londres después de la Guerra de Crimea, los soldados aparecieron ante la reina Victoria para recibir sus medallas. Un oficial de la corona le ayudó a colocar los galardones a los soldados. Al ver a un soldado que había sufrido mucho por ella, quiso recompensarlo personalmente. Cuando le colocó la medalla, se dice que le dijo al soldado: "Bien hecho, buen y fiel servidor".

Meditación

El trabajo hecho para Cristo ahora, nos traerá recompensa de Él más adelante.

Oración

Sabiendo como Dios se deleita en recompensarlo, pídale que le haga un fiel seguidor de Cristo en cuatro áreas: su casa, su trabajo, su comunidad y su iglesia. Pídale que mantenga en su mente que Él puede regresar en cualquier momento.

DÍA 15

ESTABLEZCA UN ALTO ESTÁNDAR CADA DÍA.

Lectura bíblica
Más bien, sean ustedes santos en todo lo que hagan, como también es santo quien los llamó; pues está escrito: "Sean santos, porque yo soy santo".
1 Pedro 1:15-16.

Reflexión
A menudo, la gente no ve su necesidad de Cristo porque se compara con los demás. "Yo no soy tan malo como la mayoría de la gente que conozco", o "yo no voy a la iglesia, pero vivo una mejor vida que la mayoría de los que van". Quizás usted decía esas mismas cosas antes de venir a Cristo. Ese tipo de razonamientos no ve que el estándar de Dios es la perfección. Medidos por ese estándar, nos quedamos cortos. Pero cuando Dios nos dio el regalo inmerecido de la vida eterna, nos aceptó

basado en los méritos de su Hijo, no en los nuestros.

Si no tenemos cuidado, podemos volver a esos patrones de pensamiento que nos caracterizaron como no cristianos. A medida que consideramos lo bien que estamos haciéndolo espiritualmente, estamos tentados a exclamar: "Soy mucho mejor persona que la mayoría de los cristianos que conozco". Aunque eso pudiera ser verdad, nuestro estándar no deberían ser otros cristianos.

Dios mismo es nuestro estándar. Dios declara "Sean santos, porque yo soy santo". Jesucristo nos salvó y viene otra vez. Necesitamos fijar nuestros ojos cada día en Él como nuestro estándar. Debemos vivir una vida completamente separada del pecado y comprometida con la rectitud. Debemos esforzarnos para ser santos así como Él es santo.

¿Fallaremos en alcanzar su estándar de perfección? ¡Diariamente! Cuando fallamos, necesitamos vivir en el gozo de su perdón. Pero el incumplimiento de su estándar no debe impedirnos alcanzarla.

Piense en cómo su vida será afectada por esa clase de estándar. ¿Trata usted de mantener su mente tan pura como la de Él? ¿Responde usted constantemente a otros de la manera como Él lo hace? ¿Ama usted a la gente tan profundamente como Él?

Tener a Cristo y su santidad como su estándar eleva la barra cada día. Ya no querrá vivir la vida tan bien como otros cristianos la viven, querrá vivir tan santo como lo hizo Cristo.

Ilustración

Cuando un cirujano selecciona un escalpelo para usarlo en el quirófano, escoge uno que esté limpio y esterilizado. Uno con una mínima mancha es rechazado tan rápidamente como uno que esté severamente contaminado. El grado de contaminación es irrelevante. El hecho de la contaminación es lo que le importa a un buen y cuidadoso cirujano. Como seguidores de Cristo debemos estar tan preocupados por nuestra pureza, como un cirujano lo está acerca de la pureza de sus instrumentos.

Meditación

La santidad de Cristo debería ser no solo un ejemplo para vivir, sino un estándar para alcanzar.

Oración

Una vez un hombre oró: "Señor, hazme tan santo como sea posible para un pecador salvado". Haga esta oración de una manera consistente, sabiendo que le alentará a un nivel más alto de pureza y santidad.

DÍA 16

DEJE ATRÁS SU VIEJO EQUIPAJE.

Lectura bíblica
Pero ahora abandonen también todo esto: enojo, ira, malicia, calumnia y lenguaje obsceno. Dejen de mentirse unos a otros, ahora que se han quitado el ropaje de la vieja naturaleza con sus vicios, y se han puesto el de la nueva naturaleza, que se va renovando en conocimiento a imagen de su Creador.
Colosenses 3:8-10.

Reflexión
Imagine que usted ha sido invitado a una recepción formal. Su itinerario de vuelo no le permite cambiarse de ropa antes del evento, así que tendrá que ir directamente del aeropuerto a la recepción vestido con su nuevo traje formal. Pero cuando baja del avión, usted lleva una pequeña maleta que ha tenido mejores días. El mango está roto, las esquinas están cubiertas con cinta de embalar, las marcas son profundas

y está toda descolorida. La vieja maleta no combina con su nuevo estilo.

Cuando venimos a Cristo, todos nosotros traemos algún viejo equipaje a nuestra nueva vida, algunos pecados que solían caracterizarnos. Algunos ejemplos son mencionados en Colosenses 3: enojo, ira (arrebatos de mal genio), malicia (crueldad hacia los demás), calumnia, lenguaje obsceno y mentira. Es comprensible que nos caracterizaran, considerando quien era nuestro antiguo maestro, Satanás.

Ahora, como hijos de Dios, tenemos un nuevo maestro. El Espíritu Santo de Dios vive en nosotros. Así como el "viejo hombre" tenía la imagen de la antigua vida, el "nuevo hombre" puede mostrar la imagen de Cristo.

¿Cómo dejamos atrás este viejo equipaje? "Quitándonos" lo viejo y "poniéndonos" lo nuevo. La Biblia lo llama obediencia. Ahora obedecemos instrucciones de una persona diferente, Jesucristo. Necesitamos dejar el viejo equipaje y reemplazarlo con lo que honra al Señor. La ira necesita ser reemplazada con el perdón, y el lenguaje obsceno con un uso apropiado del lenguaje.

Sin embargo, todo el viejo equipaje no

desaparece de la noche a la mañana. A medida que crecemos como cristianos, Dios nos hace cada vez más sensibles en cuanto a qué equipaje descartar porque no encaja con la nueva persona que somos en Cristo. Día a día, Él nos ayuda a dejar atrás ese viejo equipaje.

Ilustración

Cuando John Rolfe se casó con Pocahontas y la llevó a Inglaterra como su esposa, la estimada princesa india comenzó una vida completamente diferente a la vida que había conocido entre su gente en América. Ella dejó su vieja vida, se convirtió en la esposa de un caballero inglés y comenzó a adquirir las características de su nueva sociedad. Su nueva posición le exigía un nuevo estilo de vida. Ella "se quitó" lo viejo y "se puso" lo nuevo.

Meditación

Los nuevos cristianos aún tienen su viejo equipaje, pero la obediencia les permite quitarse lo viejo y ponerse lo nuevo.

Oración

Cuando esté buscando deshacerse del viejo equipaje, pídale a Dios que le ayude a ser diligente en hacer dos cosas: reconocer los pecados que eran parte de su vieja vida, y luego, en obediencia inmediata, dejar esos pecados atrás.

DÍA 17

SI ALGUIEN LO OFENDE, HABLE CON ESA PERSONA, NO DE ESA PERSONA.

Lectura bíblica
Si tu hermano peca contra ti, ve a solas con él y hazle ver su falta. Si te hace caso, has ganado a tu hermano.
Mateo 18:15.

Reflexión
    Un cartel en el salón de descanso de un complejo de oficinas llamaba la atención de todo el mundo. Decía: "No hable de usted mismo. Nosotros haremos eso cuando usted se vaya".

    Cómico pero convincente, ¿no es cierto? Cuántas veces cuando no éramos cristianos acostumbrábamos hablar mal de la gente a sus espaldas. Desafortunadamente, aún los cristianos pueden caer en el mismo hábito.

Como cristianos somos hermanos en Cristo. Habrá momentos en los cuales, en mayor o menor grado, nos heriremos mutuamente. ¿Cómo quiere Dios que tratemos a quienes nos ofenden? Él quiere que hablemos con ellos, no de ellos.

Mateo 18:15 dice: "Si tu hermano peca contra ti…". Dios no dice en qué clase de pecado estaba pensando porque el tipo de pecado es irrelevante. Una persona puede difamarnos o ser irritable y sarcástica en una conversación. La persona puede o no estar consciente del pecado que ha cometido. Cuando usted se acerque a esa persona para hablar de cómo pecó contra usted, Dios quiere que la conversación sea privada, no pública.

¿Por qué? Su finalidad no es reprender; es restaurar. Su objetivo es convencer a la persona en la privacidad de su relación con ella que lo que hizo estuvo mal, de modo que al reconocerlo, la persona pueda disculparse y vivir el gozo del perdón. Cuando son confrontadas amorosa y directamente, muchas personas se arrepienten de lo inapropiado que hicieron y se disculpan. Al acercarse amorosa y directamente, usted puede ganar a su hermano.

Su conversación frente a frente en amor puede producir un mejor hermano y no un hermano amargado.

Usted podría preguntar, ¿qué pasa si la persona no admite que hizo mal? Los versículos que siguen a Mateo 18:15 muestran paso a paso el procedimiento a seguir, pero comience donde la Escritura lo hace, hablando con la persona, no sobre esa persona. Deténgase y piense acerca de eso. Si usted hiere a alguien, ¿le gustaría que esa persona le hablara a usted y no de usted? Entonces siguiendo el ejemplo de Cristo, hagamos a los demás lo que quisiéramos que nos hicieran a nosotros.

Ilustración

William Norris era un periodista norteamericano que se especializaba en rimas que encerraban mucho significado. Una vez escribió:

> Si tus labios de la caída quieres guardar,
> Cinco cosas con cuidado debes observar:
> A quién le hablas; de quién hablas;
> Y cómo, cuándo y dónde.

Cuando somos ofendidos, Dios deja

muy claro eso de "a quién hablas" y "de quién hablas". Habla con el que te ofendió.

Meditación

Si alguien en el Cuerpo de Cristo hace algo encomiable, que todo el mundo lo sepa. Si alguien hace algo ofensivo, hable solo con esa persona.

Oración

Pídale a Dios que le ayude a amar a la gente en la familia de Cristo de tal manera que cuando ellos le ofendan, usted haga lo que a veces es duro pero más gratificante: hable con ellos, no de ellos. También pídale a Dios que le ayude a no colocarse a la defensiva cuando sea confrontado ante una posible ofensa a alguien.

DÍA 18

SEA REALISTA: LOS CRISTIANOS LUCHAN CON EL PECADO. PREPÁRESE PARA ESAS LUCHAS.

Lectura bíblica
De hecho, no hago el bien que quiero, sino el mal que no quiero… ¡Gracias a Dios por medio de Jesucristo nuestro Señor! En conclusión, con la mente yo mismo me someto a la ley de Dios, pero mi naturaleza pecaminosa está sujeta a la ley del pecado.
Romanos 7:19, 25.

Reflexión
A veces la vida es una verdadera lucha. Vivir para Cristo no es siempre fácil. Pero cuando veamos a Cristo cara a cara, estaremos encantados de haber escogido vivir para Él.

Tan piadoso como era el apóstol Pablo, no vaciló en admitir sus propias luchas. Aunque era cristiano, él todavía tenía esa naturaleza pecaminosa que le impulsaba a hacer lo malo. Admitió que sus acciones no siempre se ajustaban a sus deseos. Lo bueno que quería hacer, no lo hacía. Lo malo que no deseaba hacer, lo hacía.

¿Cómo resolvió esa lucha? La respuesta la encontró en su relación con Cristo. A través de su dependencia del Señor, Pablo podía hacer lo que Dios quería que hiciera, no lo que su naturaleza pecaminosa le urgía a hacer. Cada vez que era tentado reconocía que ya no tenía que pecar. Como cristiano, ahora podía elegir hacer lo que Cristo quería que hiciera.

Antes de ser cristiano, también usted estaba bajo el control de su naturaleza pecaminosa. Ahora, teniendo una relación con Cristo, usted puede servir a la ley de Dios en lugar de a la ley del pecado. En lugar de maldecir, usted es libre para controlar su lengua en vez de dejarla a ella controlarlo a usted. En lugar de buscar venganza cuando otros le hagan daño, ahora puede elegir perdonarlos. Cuando sea tentado a mentir, usted tiene la fortaleza del Señor para decir la verdad.

Pero no se deje engañar. Habrá luchas. Espérelas e identifique dónde está la victoria. Eso lo pone a usted en el camino de hacer lo que es correcto en vez de hacer lo que está mal.

Ilustración

Un atleta que vino a Cristo enfatizó: "Justo en el momento cuando pienso que tengo la vida cristiana y todos sus problemas bajo control, me doy cuenta que me equivoqué, ¡y mucho! Estoy aprendiendo que la vida cristiana no es una serie interminable de conquistas. A menudo es una verdadera lucha. Es aprender a levantarme después de que Satanás me derriba, limpiarme la sangre, el sudor y las lágrimas de mi cara, y saltar de nuevo a la lucha".

Meditación

Cuando aparezcan las luchas, responda a la pregunta: "¿Voy a responder de la manera en que lo hacía bajo el dominio de mi naturaleza pecaminosa o de la manera en la que soy libre de hacerlo en mi relación con Cristo?".

Oración

Cada vez que luche, pídale a Dios que le

recuerde a la persona a la que pertenece. Luego, apóyese en Él para hacer lo que deba hacer y no lo que solía hacer.

DÍA 19

USTED NO ES EL DUEÑO, SOLAMENTE ES EL ADMINISTRADOR DE TODO LO QUE TIENE.

Lectura bíblica
A los ricos de este mundo, mándales que no sean arrogantes ni pongan su esperanza en las riquezas, que son tan inseguras, sino en Dios, que nos provee de todo en abundancia para que lo disfrutemos. Mándales que hagan el bien, que sean ricos en buenas obras, y generosos, dispuestos a compartir lo que tienen.
1 Timoteo 6:17¬-18.

Reflexión
Piense en las cosas que actualmente tiene. ¿Las posee o las administra? ¿Alguna vez ha pensado acerca de la diferencia entre poseer y administrar? Un dueño posee lo que tiene. Un administrador supervisa lo que le pertenece a

alguien más.

Según los estándares del Nuevo Testamento, tener más de un día de provisiones en la alacena hace que uno sea rico. Por esa medida, todos somos ricos. La mayoría de nosotros tiene no solo comida para esta semana en el refrigerador, sino también para la siguiente semana. Cuando Pablo le escribió a Timoteo, le ordenó que le recordara a los demás que es Dios quien "nos provee de todo en abundancia para que lo disfrutemos". Ya sea que tengamos un auto, un bote, una casa, o dinero en efectivo, eso es provisto por Dios. Él es el dueño de esas cosas.

Dios quiere que administremos nuestros recursos apropiadamente y que los usemos para la extension de su Reino, no para una vida egocéntrica. Él enfatizó: "generosos, dispuestos a compartir lo que tienen". Nuestro principal pensamiento debe ser cómo esas riquezas pueden beneficiar a otros, no cómo pueden beneficiarnos a nosotros.

¿Podría usted ayudar a un vecino con una inesperada cuenta de salud? ¿Su iglesia está patrocinando alguna campaña de recolección de ropa para el refugio de personas sin hogar y está necesitando su ayuda? Cuando usted ayuda de alguna manera, está dando lo que le pertenece a Él y usted administra.

¿Está mal comprar una casa nueva? No, siempre y cuando usted reconozca que Dios es el propietario y que usted es el administrador, y que usted permita que la casa sea una bendición en su comunidad. Dentro de sus paredes, un vecino desanimado debe encontrar ánimo, los solitarios deben encontrar un amigo y los no creyentes deben ser presentados al Salvador. ¿Hacer inversiones deshonra al Señor? De ninguna manera, siempre y cuando usted maneje esas inversiones de una manera que lo complazca a Él. Después de todo, sus finanzas son de Él.

Ilustración

En el libro Your Money: Frustration or Freedom (Su Dinero: Frustración o Libertad), Howard L. Dayton habla de Jim Seneff, quien entendió que Dios es el dueño de todo lo que él tiene. Un día compró un carro para reemplazar el que había estado conduciendo y un par de días después una jovencita lo chocó por un costado. La primera reacción de Jim fue: "Bueno Dios, no sé por qué quieres una abolladura en tu auto, ¡pero tienes una!".

Meditación

Todo lo que usted tiene es un préstamo. Dios es el propietario, usted es el administrador.

Oración

Ore para que Dios mantenga diariamente en su mente que todo lo que usted tiene es de Él. Pídale su ayuda para administrar todo lo que le ha dado de una manera que lo honre a Él.

DÍA 20

LOS CHEQUEOS MENTALES SON IMPORTANTES PARA SU SALUD ESPIRITUAL.

Lectura bíblica
Por último, hermanos, consideren bien todo lo verdadero, todo lo respetable, todo lo justo, todo lo puro, todo lo amable, todo lo digno de admiración, en fin, todo lo que sea excelente o merezca elogio.
Filipenses 4:8.

Reflexión
Cualquier parte de su cuerpo, si no está bajo vigilancia, podría meterlo en problemas, especialmente si esa parte representaba una debilidad antes de que usted viniera a Cristo. Sus manos podrían hacerle robar, sus ojos podrían hacerle codicioso o su lengua podría hacerle mentir o chismear.

Sin embargo, ninguna parte de su cuerpo debe ser tan cuidadosamente vigilada como su mente. Lo que entra a su mente sale a través de su vida. Proverbios 23:7 enseña que así como el hombre piensa, así es él (La Biblia de las Américas). Los chequeos mentales son esenciales para un sano crecimiento espiritual.

Filipenses 4:8 enseña que lo que usted permite dentro de su mente debe cumplir con estos estándares:

Todo lo verdadero. La mente no debe tolerar enseñanza equivocada o falsos rumores.

Todo lo respetable. La mente debe aceptar solo lo que es decente y no es calumnioso.

Todo lo justo. La mente solo debe entretenerse con lo que Dios mismo aprueba.

Todo lo puro. La mente debe fijarse en pensamientos que estimulen el buen carácter y la buena conciencia.

Todo lo amable. La mente debe fijarse en cosas que producen unidad.

Todo lo digno de admiración. La mente debe centrarse en lo que es bueno y encomiable en la vida.

Pablo continua: "Consideren bien... todo lo que sea excelente o merezca elogio". Su punto es, que la mente debe centrarse siempre en lo que es bueno y positivo, no en lo que es malo y negativo.

Si algún pensamiento indigno entra a su mente, expúlselo y reemplácelo con algo bueno. La manera como usted piensa influye en su manera de vivir.

Ilustración

En su libro "Desarrolle el líder que está en usted", John Maxwell habla de un hombre en Hong Kong que pasó frente a un taller de tatuajes. En la exhibición había varias muestras de los tatuajes disponibles, incluyendo uno con las palabras "Nacido para perder". Al entrar en la tienda, el hombre expresó su asombro: "No puedo creer que alguien quiera ese tatuaje". El asiático se rascó la cabeza y respondió: "Antes del tatuaje en el cuerpo, tiene el tatuaje en la mente".

Meditación

Lo que habita en sus pensamientos se producirá en su vida.

Oración

Pídale a Dios que le ayude a visualizar su mente como si tuviera una puerta. Cualquier cosa que toque a ella que sea bueno y positivo, déjelo entrar. Mantenga la puerta cerrada si es algo malo y negativo.

DÍA 21

SOLO SIRVA Y DIOS LE REVELARÁ SU DON ESPIRITUAL.

Lectura bíblica
Tenemos dones diferentes, según la gracia que se nos ha dado. Si el don de alguien es el de profecía, que lo use en proporción con su fe; si es el de prestar un servicio, que lo preste; si es el de enseñar, que enseñe; si es el de animar a otros, que los anime; si es el de socorrer a los necesitados, que dé con generosidad; si es el de dirigir, que dirija con esmero; si es el de mostrar compasión, que lo haga con alegría.
Romanos 12:6-8.

Reflexión
El regalo más grande de Dios para usted es la vida eterna. Pero Dios no se detuvo allí. En el momento en que le salvó, también le dio a usted uno o más dones espirituales.

Los dones espirituales son habilidades particulares que Dios le da a los cristianos para que juntos podamos traer a la gente a Cristo y ayudarnos unos a otros a crecer espiritualmente. Todos los cristianos no tienen los mismos dones espirituales, pero todos tenemos al menos uno.

Los mencionados en este pasaje en particular son:

Profecía, la capacidad para proclamar lo que Dios ya ha revelado en las Escrituras.

Servicio, la capacidad para servir a las necesidadesde los hermanos creyentes.

Enseñanza, la capacidad para explicarle la Biblia aotros.

Exhortación, la capacidad para animar y fortalecerde manera amable a los hermanos creyentes.

Dar, la capacidad para dar extraordinariamente de todo lo que uno tiene.

Dirigir, la capacidad para inspirar y liderar a la gente hacia un objetivo en particular.

Mostrar compasión, la capacidad para sentirprofundamente las heridas de otros y ayudar a los que están en necesidad.

¿Cómo encontrar su don espiritual?

Recuerde dos palabras con la letra E: experiencia y exposición.

En primer lugar, está la experiencia. En la Escritura citada anteriormente, note las frases imperativas que indican que se usen los dones. Dios dirige objetos en movimiento. Usted no necesita saber cuál es su don espiritual para ser usado por el Señor. Simplemente comience a servir. A través de la participación en una iglesia local, haga lo que pueda para servir y Dios le mostrará cuál es su don espiritual.

Lo segundo es exponerse. A medida que usted sirve, los hombres y mujeres piadosos que le observan a menudo ayudan señalando su don particular. Ellos pueden decir: "Pienso que tienes el don de mostrar compasión. Eres tan compasivo hacia la gente", o "Creo que tienes el don exhortación. Tú sabes realmente como estimular y animar a la gente".

Una vez que usted descubra su don, pídale a Dios que le ayude a desarrollarlo. Tenga cuidado de no comparar su capacidad con la de alguien más. Dios no espera que usted sea mejor que ellos. Él espera que usted sea lo mejor que usted puede ser.

Ilustración

Cuando le preguntaron ¿qué puedo hacer?, Teodoro Roosevelt dio la respuesta perfecta: "Haz lo que puedas, con lo que tienes, donde estés". En términos de desarrollar y usar sus dones espirituales, eso es todo lo que Dios espera de usted.

Meditación

Su don espiritual es un regalo de Dios para usted. Desarrollar y usar ese don es el regalo de usted para Él.

Oración

Pídale a Dios que le dé la oportunidad de servirle a través de su iglesia local. Y mientras le sirve, pídale que le ayude a comprender mejor su don espiritual y cómo le gustaría a Él que usted lo usara.

DÍA 22

SU FAMILIA PODRÍA PENSAR QUE USTED ES UN FANÁTICO RELIGIOSO.

Lectura bíblica
No crean que he venido a traer paz a la tierra. No vine a traer paz, sino espada. Porque he venido a poner en conflicto "al hombre contra su padre, a la hija contra su madre, a la nuera contra su suegra; los enemigos de cada cual serán los de su propia familia".
Mateo 10:34-36.

Reflexión
No todo el mundo está convencido de que usted tomó la mejor decisión al confiar en Cristo. Algunos incluso, pueden estar convencidos de que cometió un error. Pero lo más doloroso es cuando las críticas vienen de quienes viven en su propia casa.

En Mateo 10, cuando Cristo envió a sus

discípulos, les advirtió que el mensaje acerca de Él "no traería paz sino espada". Él advirtió que a veces su mensaje podría crear conflicto en lugar de resolverlo.

¿Por qué? Porque el mensaje acerca de Cristo amerita que la gente deba tomar una posición. Juan 3:18 establece: "El que cree en él no es condenado, pero el que no cree ya está condenado por no haber creído en el nombre del Hijo unigénito de Dios". Jesucristo es la línea divisoria entre la gente. El destino eterno de una persona está determinado por lo que ella hace con respecto a Cristo.

Pero, ¿dónde ocurre esa división? Cristo advirtió: "los enemigos de cada cual serán los de su propia familia".

Hablar acerca de su relación con Cristo puede molestar a algunos de los miembros de su familia. Algunos pueden sentirse ofendidos ante su insistencia de que necesitan a Cristo, convencidos de que están perfectamente bien como son. Otros le instarán a mantener esos "asuntos religiosos" solo para usted. Otros incluso pueden evitarlo, temiendo que les hable de cosas espirituales.

Ore para que aquellos que están relacionados con usted vean su necesidad de estar correctamente relacionados con Él. También, pídale a Dios que envíe a alguien además de usted para hablarles. Una persona que no pertenece a la familia a menudo es utilizada por Dios para reafirmar el testimonio de uno de sus miembros.

Ilustración

Una mujer que conoció a Cristo estaba profundamente preocupada por la salvación de su hermano. Cuando se acercó a él, la llamó fanática religiosa. En respuesta, ella le escribió una amorosa carta explicándole el evangelio. En la carta ella decía: "No tengo nada que perder. Tú ya piensas que soy una fanática religiosa. En cambio, tú tienes todo para ganar. Si confías en Cristo, puedes saber que irás al cielo y experimentar su presencia mientras estás aquí en la tierra". Dios usó esa carta para suavizar su corazón y llevarlo al Salvador.

Meditación

Aquel que es visto como el que divide las familias terrenales es aquel que anhela hacer que nuestros familiares formen parte de su familia celestial.

Oración

Piense en tres miembros de su familia a quienes le gustaría ver venir a Cristo. Pídale a Dios que provea una puerta abierta para su propio testimonio y a alguien fuera de la familia como testigo adicional.

DÍA 23

ESPECIALÍCESE EN EL AUTOEXAMEN, NO EN EL INTERROGATORIO.

Lectura bíblica
No juzguen a nadie, para que nadie los juzgue a ustedes. Porque tal como juzguen se les juzgará, y con la medida que midan a otros, se les medirá a ustedes.
¿Por qué te fijas en la astilla que tiene tu hermano en el ojo, y no le das importancia a la viga que está en el tuyo? ¿Cómo puedes decirle a tu hermano: "Déjame sacarte la astilla del ojo", cuando ahí tienes una viga en el tuyo? ¡Hipócrita!, saca primero la viga de tu propio ojo, y entonces verás con claridad para sacar la astilla del ojo de tu hermano.
Mateo 7:1-5.

Reflexión
Es fácil ser crítico, ¿no? Una persona

pasa por delante de nosotros en la carretera y exclamamos: "¿Este se cree el dueño del camino?". Si un compañero de trabajo recibe un ascenso, preguntamos: "¿Cómo lo logró?". Nuestro espíritu crítico puede llevarnos a ser criticones.

Dios quiere que como cristianos nos examinemos primero a nosotros mismos, no a los demás.

El pasaje citado nos habla de dos advertencias. La primera es que no seamos demasiado rápidos para juzgar a los creyentes. Si somos estrictos, Dios también será estricto en su juicio acerca de nosotros. Él nos advierte: "con la medida que midan a otros, se les medirá a ustedes". Como cristianos, un día seremos examinados ante el Señor para recibir cualquier recompensa que Él considere apropiada. Si queremos que Él sea indulgente con nosotros, debemos ser indulgentes con los demás.

La segunda advertencia es mirar hacia adentro, no hacia afuera. Una viga de madera es mucho más grande que una astilla. El Señor nos advierte que antes de mirar los problemas en la vida de los demás, debemos primero ver los problemas más grandes en nuestras propias vidas.

Muchos creyentes observan que, bajo un examen minucioso, lo que ellos encontraron irritante en otros estaba a menudo presente en sus propias vidas. Un creyente testificaba: "Ojalá hubiera aprendido antes que aquello a lo que soy más sensible en otros es algo de lo que yo mismo soy culpable".

El mundo dice "interroga", Cristo dice "autoexamínate".

Ilustración

Un hombre estaba confrontando dificultades para comunicarse con su esposa y concluyó que ella tenía problemas para oír. Sin decirle nada, decidió someterla a una prueba. De espaldas a ella, se sentó en una silla al otro lado de la habitación y susurró: "¿Puedes oírme?". Al no recibir respuesta, se movió más cerca y le preguntó: "¿Puedes oírme?". Se movió cuatro veces hasta que estuvo justo detrás de ella. Cuando le preguntó: "¿Puedes oírme?", ella le respondió con frustración: "Por cuarta vez, ¡sí!".

Meditación

Si usted es misericordioso en su juicio

hacia otros ahora, Dios será misericordioso en su juicio hacia usted cuando le toque colocarse ante Él para ser recompensado.

Oración

Jesucristo era conocido por su amabilidad y misericordia. Pídale a Dios que le haga igual a Él en sus interacciones con otros. Siempre pregunte: "¿Qué necesito cambiar", en vez de: "¿Qué necesitan cambiar ellos?".

DÍA 24

EL AMOR NO ES UNA EMOCIÓN SINO UN ACTO DE LA VOLUNTAD.

Lectura bíblica
Este mandamiento nuevo les doy: que se amen los unos a los otros. Así como yo los he amado, también ustedes deben amarse los unos a los otros. De este modo todos sabrán que son mis discípulos, si se aman los unos a los otros.
Juan 13:34-35.

Reflexión
En los primeros días del cristianismo, cuando los no cristianos veían a un grupo de creyentes, a menudo hacían la observación: "¡Cómo se aman entre ellos!".

Amor, eso es lo que Cristo quiere ver en los cristianos, discípulos maduros cuya característica sea el amor. Cristo dijo: "De este modo todos sabrán que son mis discípulos, si se aman los unos a los otros (Juan 13:35)". Pero, ¿qué es el amor? A menudo, el amor se confunde con la lujuria y es reducido nada más que a una emoción.

Dos cosas caracterizan al amor que debemos tener los unos por los otros. Primero, una definición bíblica de amor es colocar a la otra persona en primer lugar, incluso si eso significa sacrificarse a sí mismo. Cristo estableció el patrón cuando dijo: "así como yo los he amado". Él tomó nuestros pecados sobre sí mismo y sufrió el castigo que nosotros debimos haber sufrido. Tal clase de amor, superior a cualquier cosa hasta entonces conocida, era un nuevo mandamiento.

En segundo lugar, el amor no es una emoción, es una elección. Cristo explicó: "Este mandamiento nuevo les doy: que se amen los unos a los otros". El amor brota de un acto de la voluntad cuando elegimos obedecer a Cristo. Él nos pide que sigamos sus pasos y hagamos lo que Él ha hecho. Sentimientos o emociones pueden o no estar presentes. Podemos sentir que una persona en particular no es digna de nuestro amor. Independientemente de eso, se nos pide que hagamos una elección consciente que diga: "Te amaré, te pondré primero, incluso si eso significa sacrificarme".

Ilustración

Unos exploradores fueron atrapados en la tundra congelada cerca del Polo Sur. El progreso era lento y era dudoso que el equipo regresara a su base. El suministro de alimentos se había reducido a solo unas pocas galletas en la mochila de cada persona. Una noche, mientras dormían, el líder del grupo oyó un movimiento. Con los ojos entreabiertos, observó a un miembro del equipo acercarse a la mochila de otro. El líder estaba sorprendido, pensando que el hombre había caído tan bajo como para convertirse en un ladrón. Entonces vio que el hombre sacaba la mitad de una galleta de su propio bolso y la colocaba muy silenciosamente en la del otro. Ese generoso miembro del equipo había observado a su compañero cada vez más débil y pensó que el otro podría ser demasiado orgulloso para aceptar las raciones de otra persona. Esa noche el líder del equipo fue testigo de una demostración de amor sacrificial.

Meditación

Amar a los demás no es solo un sentimiento para ser seguido, sino, más importante, es un mandamiento para ser obedecido.

Oración

Pídale a Dios que le ayude a obedecer su mandamiento de amar a los demás independientemente de sus deseos o sentimientos. Mida su amor por el patrón de Cristo, no por el suyo.

DÍA 25

SEA RÁPIDO PARA LLAMAR PECADO A LO QUE DIOS LLAMA PECADO.

Lectura bíblica
Si confesamos nuestros pecados, Dios, que es fiel y justo, nos los perdonará y nos limpiará de toda maldad.
1 Juan 1:9.

Reflexión
No podemos comprender completamente lo que Dios siente acerca del pecado. Dado que Dios es Dios santo, el pecado es repulsivo para Él. El acto más repulsivo para nosotros no se acerca a cuán repulsivo es el pecado para Dios. Es por eso que cuando desobedecemos, Él quiere que lo llamemos como Él lo llama: pecado.

No malinterprete una formidable verdad

de la Escritura. Una vez que usted haya confiado en Cristo, su relación con Dios nunca puede ser interrumpida. Usted le pertenece a Él para siempre. Su cercanía al Señor, sin embargo, puede verse afectada por el pecado. En el pasaje anterior, Juan le estaba hablando a los creyentes: "Si confesamos nuestros pecados…". Confesar significa que cuando hacemos lo malo, Dios quiere que estemos de acuerdo con Él acerca de lo que eso es para Él: pecado. No suavice ni minimice el pecado. Dios no lo hace. Llame a la mentira, mentira. Dígale al adulterio, adulterio, no aventura. Llame al pecado como Dios lo llama.

¿Qué sucede cuando confesamos nuestro pecado? Dios es fiel y justo. Él es fiel a sí mismo. Siendo un Dios amoroso y compasivo, Él será rápido para perdonar nuestro pecado y "nos limpiará de toda maldad". Él es capaz de hacerlo porque cuando su Hijo murió en una cruz hace dos mil años, tomó el castigo que merecíamos por nuestros pecados pasados, presentes y futuros. Una vez que confesamos el pecado, podemos vivir con el consuelo de que lo que hayamos hecho ha sido perdonado. Dado que el pecado no está en la mente de Dios, no necesita estar en la nuestra.

Piense en una relación padre-hijo. Cuando el hijo se porta mal, la relación es aún la misma. El padre es aún el padre y el hijo aún es el hijo. Pero si el hijo no está de acuerdo con que fue su error, su cercanía con el padre se verá afectada. Una vez que el hijo confiesa lo malo, es como si nunca hubiera pasado. De la misma manera, cuando llamamos pecado a lo que Dios llama pecado, nuestra cercanía con Dios es restaurada y sabemos que estamos completamente limpios ante Dios. Entonces, con sincero arrepentimiento y tristeza, podemos tomar las acciones apropiadas para lidiar con las consecuencias de nuestro pecado. Cuánto mejor es caminar ante Dios con el gozo del perdón en lugar de hacerlo con la agonía del pecado no confesado.

Ilustración

Una mujer se acercó a un conocido evangelista después de uno de sus mensajes y le dijo: "¿Puede ayudarme? Tengo el terrible hábito de la exageración". "Por supuesto señora", le respondió el evangelista, "solo llámelo mentir".

Meditación

Cuando el pecado es entendido como lo que es, la confesión puede ser dolorosa, pero el perdón llena de regocijo.

Oración

¿Hay algún pecado en su vida que no haya tratado delante de Dios? Si es así, confiéseselo y pídale que lo perdone. Ore también para que le dé la consecuente rapidez para admitir sus pecados, de modo que pueda vivir en la alegría de su perdón.

DÍA 26

¡LA VIDA CRISTIANA TIENE MOMENTOS DIFÍCILES!

Lectura bíblica

Cuando llegamos a Macedonia, nuestro cuerpo no tuvo ningún descanso, sino que nos vimos acosados por todas partes; conflictos por fuera, temores por dentro. Pero Dios, que consuela a los abatidos, nos consoló con la llegada de Tito, y no solo con su llegada, sino también con el consuelo que él había recibido de ustedes. Él nos habló del anhelo, de la profunda tristeza y de la honda preocupación que ustedes tienen por mí, lo cual me llenó de alegría.
2 Corintios 7:5-7.

Reflexión

Un proverbio búlgaro afirma: "Dios promete un aterrizaje seguro, pero no un viaje tranquilo". La vida cristiana no solo no es tranquila, sino que a veces tiene momentos difíciles. El apóstol Pablo los experimentó y nosotros también lo haremos. No se sorprenda cuando lleguen.

Pablo dijo "nuestro cuerpo no tuvo ningún descanso" porque la tensión y el esfuerzo lo afectaron mental y físicamente. No mencionó problemas específicos, pero "conflictos por fuera" probablemente se refiere a los conflictos que experimentó con incrédulos mientras predicaba el evangelio. Algunas personas fueron receptivas a su mensaje y otras no. Con "temores por dentro" probablemente se refería a su preocupación por los nuevos convertidos. Él había escrito una carta a la iglesia en Corinto, confrontándolos por algún comportamiento inaceptable, y no estaba seguro de cómo se había recibido la carta. También pudo haber temido que Satanás tratara de enredar a los creyentes en algún pecado.

Dios tiene maneras de reconfortarnos cuando estamos atravesando momentos difíciles, y esta vez Él usó al buen amigo de Pablo, Tito. Tito le explicó a Pablo cómo había cambiado la actitud de los corintios. Tenían un gran deseo de volver a ver a Pablo y estaban apesadumbrados por su comportamiento pasado. Pablo estaba emocionado al ver a su amigo Tito, pero aún más emocionado cuando oyó su informe.

La vida cristiana no está exenta de dolor. Nuestros momentos difíciles tienen diferentes causas: pérdida de un trabajo, problemas de salud, cuentas inesperadas, tensión en la familia, un gran obstáculo ante nuestros planes. Habrá momentos difíciles, pero independientemente de cómo vayan, el consuelo de Dios será suficiente para esos momentos.

Ilustración

Tom Landry, entrenador por mucho tiempo de los Dallas Cowboys, era un cristiano comprometido cuyo orden de prioridades era primero Dios, segundo la familia, y tercero el fútbol. Lo que lo diferenciaba de muchos otros entrenadores era su visión y capacidad para dejar atrás reveses devastadores. Una vez declaró para el periódico "USA Today": "Sufro después de las derrotas, pero afortunadamente me recupero rápidamente. Mi relación con Cristo me da una fuente de poder que no tendría de otra manera. "Como cristianos, también sufrimos decepciones y contratiempos, pero Cristo provee el poder en medio de ellos".

Meditación

El Salvador promete que no tendremos momentos difíciles en el cielo, pero los tendremos en la tierra. No sea tomado por sorpresa cuando estos vengan.

Oración

Pídale a Dios que le ayude a vivir consistentemente para Él, tanto en los momentos buenos, como en los difíciles.

DÍA 27

EL SUFRIMIENTO TEMPORAL PUEDE RESULTAR EN RECOMPENSA ETERNA.

Lectura bíblica
Esto es para ustedes motivo de gran alegría, a pesar de que hasta ahora han tenido que sufrir diversas pruebas por un tiempo. El oro, aunque perecedero, se acrisola al fuego. Así también la fe de ustedes, que vale mucho más que el oro, al ser acrisolada por las pruebas demostrará que es digna de aprobación, gloria y honor cuando Jesucristo se revele.
1 Pedro 1:6-7.

Reflexión
Como vimos ayer, los momentos difíciles no son inusuales en la vida cristiana. A veces esos momentos son particularmente duros. El sufrimiento viene de diferentes direcciones y

en cantidades variables.

En el pasaje anterior, Pedro estaba escribiéndole tanto a judíos como a gentiles quienes estaban viviendo fuera de su tierra natal en la actual Turquía. La persecución probablemente los había esparcido. En el año 62 d.C., el emperador romano Nerón intensificó su persecución contra los creyentes y el sufrimiento físico se hizo severo. Algunos cristianos fueron arrojados a las bestias salvajes y otros fueron quemados como antorchas para iluminar durante la noche. Los cristianos temieron por sus vidas y escaparon a otros países.

La mayoría de nosotros no enfrentaremos una persecución tan severa, pero no hay un cristiano vivo que tarde o temprano no enfrente pruebas difíciles. Todos nosotros, en algún momento entre ahora y cuando veamos al Señor cara a cara, sufriremos "diversas pruebas por un tiempo". Esas pruebas pueden ser producto de circunstancias más allá de nuestro control. Pedro nos anima recordándonos la naturaleza transitoria de esas pruebas, pero admite que ellas serán causa de dolor.

¿Cómo debemos responder? No se alegre por las pruebas, sino porque está en medio de ellas. ¿Por qué? debido a su resultado. Pedro continúa diciendo: "Así también la fe de ustedes, que vale mucho más que el oro, al ser acrisolada por las pruebas demostrará que es digna de aprobación, gloria y honor cuando Jesucristo se revele".

Este versículo describe a un orfebre que puso oro en un crisol, lo sometió a un intenso calor y lo licuó. Las impurezas subieron a la superficie para ser retiradas, de modo que cuando el trabajador del metal vio su reflejo en la superficie del líquido, él sabía que el contenido restante era oro puro. Del mismo modo, nuestra fe es probada por las dificultades y cuando respondemos adecuadamente, nuestra fe es digna de alabanza, honor y gloria en la aparición de Cristo. Habrá una recompensa eterna cuando veamos a Cristo cara a cara.

Ilustración

Una mujer que soportaba mucho sufrimiento le preguntó a su pastor: "¿Cuándo voy a salir de todos estos problemas? El pastor le respondió sabiamente: "Más bien deberías preguntarte qué vas a obtener de todas estas pruebas".

Meditación

El sufrimiento es temporal y sabemos que vendrá. Pero cuando respondemos adecuadamente, la recompensa es eterna y nos ha sido prometida.

Oración

Agradézcale a Dios por los momentos difíciles que ha enfrentado. Confiésele cualquier actitud errada ante esas pruebas como pecado y pídale que lo perdone. Luego pídale su ayuda para responder ante todas las dificultades de manera apropiada y bíblica.

DÍA 28

DADO QUE USTED ES PARTE DE UN MUNDO DIFERENTE, NO AME A ESTE MUNDO.

Lectura bíblica
No amen al mundo ni nada de lo que hay en él. Si alguien ama al mundo, no tiene el amor del Padre. Porque nada de lo que hay en el mundo —los malos deseos del cuerpo, la codicia de los ojos y la arrogancia de la vida— proviene del Padre, sino del mundo. El mundo se acaba con sus malos deseos, pero el que hace la voluntad de Dios permanece para siempre.
1 Juan 2:15-17.

Reflexión
¡En el momento cuando usted vino a Cristo, su dirección de habitación cambió! La Biblia nos dice: "En cambio, nosotros somos

ciudadanos del cielo, de donde anhelamos recibir al Salvador, el Señor Jesucristo" (Filipenses 3:20). En relación con este mundo, recuerde que estamos de paso.

Dado que este mundo no es nuestro futuro hogar, no debemos atarnos emocionalmente a él. Eso es lo que Dios tenía en mente cuando dijo "No amen al mundo ni nada de lo que hay en él". La palabra "amor" aquí tiene la idea de apreciar algo. No debemos apreciar al mundo ni lo que está en él.

Examinemos el sentido común detrás de la exhortación de Dios: "Si alguien ama al mundo, no tiene el amor del Padre". Esta advertencia no significa que alguien que ama al mundo no es cristiano. Sencillamente significa que la persona no está dejando que el amor de Dios sea una influencia controladora en su vida.

¿Por qué Dios no quiere que amemos al mundo? Porque la naturaleza del mundo solo nos dañará espiritualmente, no nos ayudará. Los "malos deseos del cuerpo" se refiere a los deseos pecaminosos que nos llevan a pecados tales como la inmoralidad. La "codicia de los ojos" tiene que ver con aquellas cosas que Satanás pone delante de nosotros y que causan deseos vehementes que son perjudiciales para nuestro caminar con Cristo, haciéndonos codiciosos y materialistas. La "arrogancia de la vida" se refiere a un orgullo por lo que somos y lo que tenemos en este mundo.

Todas las cosas que forman parte de este mundo pasarán. El dinero y la notoriedad no durarán para siempre. Como cristianos, somos parte de lo permanente, no de lo pasajero. Debemos apreciar lo que permanece para siempre, una estrecha comunión con Dios.

Disfrute todo lo que Dios le dé y úselo de forma que lo honre a Él, pero no ame al mundo. El mundo venidero, no éste, es su hogar.

Ilustración

Un emigrante alemán y su familia oyeron tantas historias sobre Estados Unidos que sentían que conocían bien al país. El hombre amó tanto a la tierra que todavía no había visto que cuando salió para allá su mamá le dijo: "Vas a casa y yo me quedo en tierra extranjera".

Meditación

Los ciudadanos del cielo deben amar el lugar donde permanecerán por la eternidad, no el lugar donde están viviendo temporalmente.

Oración

     Pídale a Dios que le ayude a hacerlo a Él la fuente de su afecto y que le ayude a no apegarse a atracciones mundanas que son perjudiciales para su crecimiento espiritual.

DÍA 29

NO PIERDA SU CONTACTO CON LOS NO CRISTIANOS, ¡PERO TENGA CUIDADO!

Lectura bíblica
Mientras Jesús estaba comiendo en casa de Mateo, muchos recaudadores de impuestos y pecadores llegaron y comieron con él y sus discípulos. Cuando los fariseos vieron esto, les preguntaron a sus discípulos: ¿Por qué come su maestro con recaudadores de impuestos y con pecadores?
Al oír esto, Jesús les contestó: No son los sanos los que necesitan médico, sino los enfermos.
Mateo 9:10-12.

Reflexión
Alguien que se preocupaba por usted probablemente jugó un papel importante para que usted viniera a Cristo. Dios quiere que usted sea lo que Cristo fue, un amigo para los pecadores y que pase tiempo con los no

cristianos para que ellos también puedan venir al Salvador.

El texto anterior se refiere a "muchos recaudadores de impuestos y pecadores". Los recaudadores de impuestos eran despreciados porque sobrecargaban al pueblo con impuestos extras y se quedaban con esa parte para sí mismos. Los recaudadores eran despreciados por su falta de pureza moral y su degenerado estilo de vida.

Por lo tanto, la facción religiosa conocida como los fariseos encontraba inapropiado para un "maestro" de la Palabra de Dios que comiera con aquellos a quienes ellos consideraban como una clase de gente sucia. La explicación de Cristo fue sencilla: "no son los sanos los que necesitan médico, sino los enfermos". Los recaudadores de impuestos y los pecadores venían a menudo a Cristo porque sentían que lo necesitaban. Los fariseos también lo necesitaban, pero su orgullo espiritual les impedía admitir su pecado.

Dios quiere que como nuevo cristiano usted pase tiempo con otros como usted a fin de que puedan animarse los unos a los otros. Pero no deje atrás a sus amigos no cristianos. Pase tiempo con ellos, de modo que puedan llegar a conocerlo a Él.

Una palabra de advertencia. Si usted nota que tiende a resbalar espiritualmente cuando está alrededor de incrédulos, haga lo que sea apropiado para evitar que eso suceda. Recuerde, Jesucristo influenció a los pecadores; ellos no lo influenciaron a Él.

Ilustración

Bobby Richardson era un creyente que estaba profundamente preocupado por su amigo y compañero de equipo Mickey Mantle. Mickey jugaba duro y se esmeraba en ser parte del equipo. Nunca pareció ver su necesidad de Cristo hasta junio de 1995, cuando los doctores le informaron que el cáncer había destruido su hígado. Entonces se dio cuenta de que estaba enfrentando a la muerte. Mickey no sólo le pidió a Bobby que orara por él, sino que su familia le pidió que lo visitara. Cuando Bobby entró a la habitación de Mickey en el hospital y se acercó a la cama, Mickey le dijo a Bobby lo que estaba esperando escuchar. Le dijo: "Bobby, he querido decirte que he confiado en Cristo como mi Salvador". Las lágrimas vinieron a los ojos de Bobby al darse cuenta de que el hombre que había sido su amigo por toda la vida ahora sería su amigo por la eternidad.

Meditación

En sus relaciones con los no cristianos, Dios quiere que usted sea su amigo, de modo que pueda presentarles a su mejor amigo.

Oración

Pídale a Dios por dos tipos de relaciones, una estrecha relación con creyentes que puedan estimularlo espiritualmente, y contacto con los no cristianos a quienes usted pueda presentarles al Salvador.

DÍA 30

CUANDO EXPLIQUE EL EVANGELIO, HÁGALO CLARAMENTE.

Lectura bíblica
Porque por gracia ustedes han sido salvados mediante la fe; esto no procede de ustedes, sino que es el regalo de Dios, no por obras, para que nadie se jacte.
Efesios 2:8-9.

Reflexión
Pregúntele a sus amigos: "¿Qué tienes que hacer para llegar al cielo?". Por lo general, mencionan ir a la iglesia, vivir una buena vida, guardar los mandamientos, tomar los sacramentos o ser bautizados. Si así es como responden, han perdido el mensaje de que la vida eterna es gratis. Así que cuando usted les hable a otros acerca de Cristo es absolutamente importante que presente el evangelio con

claridad.

Gracia significa favor inmerecido. Como pecadores, no merecemos la bondad de Dios. Merecemos estar separados de Él para siempre en lo que la Biblia llama infierno. Pero Dios nos da el favor que no merecemos. Él castigó a su perfecto Hijo, Jesucristo, cuando debía habernos castigado a nosotros. Cristo murió como nuestro sustituto. Cuando se levantó al tercer día, Él demostró que había vencido al pecado y a la tumba.

Entonces, ¿cómo podemos ser salvos? Podemos serlo de la manera en que Pablo nos lo recuerda en Efesios: "Porque por gracia ustedes han sido salvados mediante la fe". Fe significa confiar o depender. Como pecadores que merecen estar separados de Dios para siempre, debemos reconocer que Jesucristo murió en nuestro lugar y que resucitó, y poner nuestra confianza solo en Cristo como nuestro único camino al cielo. Como el versículo explica, es un "regalo de Dios, no por obras, para que nadie se jacte".

Si pudiéramos llegar al cielo por algo que hagamos, podríamos presumir: "¡Lo hice!". Pero Dios hizo todo para proveernos la salvación y es un regalo de Él. Entonces, nuestra "jactancia" tiene que ser en lo que Cristo hizo en la cruz, no en lo que nosotros hemos hecho.

Así que, cuando les hable a sus amigos acerca de su necesidad de Cristo, explíqueles que primero nosotros somos pecadores, segundo que Cristo murió por nosotros y resucitó, y tercero que la vida eterna es un regalo que llega por confiar solo en Cristo para salvarnos. Para ser de ayuda eterna para sus amigos cuando les presente el evangelio, asegúrese de hacerlo claramente.

Ilustración

John Newton escribió Amazing Grace (Asombrosa Gracia), una canción que se canta en eventos religiosos y seculares. A medida que fue envejeciendo, comenzó a perder la memoria. En una ocasión dijo: "Estoy a punto de perder totalmente mi memoria, pero recuerdo dos cosas, que soy un gran pecador y que Cristo es un gran Salvador". El claro mensaje que todos nuestros amigos necesitan oír es el simple mensaje de que somos grandes pecadores pero que Cristo es el gran Salvador. Solo confiando en Cristo podemos recibir su regalo de vida eterna.

Meditación

Presentar el evangelio claramente ayuda a la gente a ver su pecado como lo peor y el amor de Dios como lo mejor.

Oración

Pídale a Dios que le ayude constantemente a buscar oportunidades para compartir el evangelio. Ore para que cuando Él le dé esas oportunidades, le ayude a presentar el evangelio con claridad.

DÍA 31

LA SALVACIÓN ES EL PUNTO DE PARTIDA, NO EL PUNTO DE LLEGADA.

Lectura bíblica
Más bien, crezcan en la gracia y en el conocimiento de nuestro Señor y Salvador Jesucristo. ¡A él sea la gloria ahora y para siempre! Amén.
2 Pedro 3:18.

Reflexión
Usted ha conocido al único que puede dar el regalo de la vida eterna. Sin embargo, Dios no quiere que sea simplemente un cristiano. Él quiere que usted crezca como cristiano. ¡Así es! La salvación debe ser el punto de partida, no el punto de llegada.

"Crezcan", en el versículo anterior, conlleva la idea de "estar creciendo continuamente". El crecimiento debe ser un proceso continuo. Usted nunca debe estar en un punto muerto espiritual. ¿Qué dirección debe tomar su crecimiento? Pedro dice "crezcan en la gracia y en el conocimiento de nuestro Señor y Salvador Jesucristo". La gracia, como dijimos ayer, significa un favor que no merecemos. "Conocimiento" significa un mejor entendimiento de quién es Cristo. Dios quiere que conozcamos mejor las bondades inmerecidas que Él nos ha extendido y quiere que profundicemos nuestra comprensión de su Hijo. Al igual que las relaciones humanas, a medida que usted aprende y crece, dentro de un mes conocerá mejor de lo que conoce hoy a su recién descubierto Salvador. De hecho, crecer como cristiano evitará que se desvíe de la verdad de la Palabra de Dios. Avanzará espiritualmente en lugar de retroceder en la vida cristiana.

¿Cómo crecerá? Usted acaba de terminar este devocional de treinta y un días. Ahora lea el libro de Filipenses, uno de los libros más fáciles del Nuevo Testamento. Lea solo un capítulo diario, buscando una verdad para meditar durante todo el día. Filipenses tiene cuatro capítulos, así que en el quinto día comience de nuevo con el capítulo uno. Quédese en ese libro por un mes. Descubrirá cosas durante la segunda lectura que no vio durante la primera, y durante la cuarta descubrirá cosas que no vio durante la tercera. Al concluir su estudio de Filipenses, vaya a través de todo el Nuevo Testamento, leyendo un capítulo por día, un libro de la Biblia cada mes. Al aplicar en oración lo que ha aprendido, nunca dejará de crecer espiritualmente. Su vida estará caracterizada por frescura espiritual y no por estancamiento espiritual.

Ilustración

En su libro The Fisherman and His Friends (El Pescador y sus Amigos), Louis Albert Banks cuenta de un hombre que se encontró con un árbol de pino derribado por una severa tormenta cerca de las orillas del lago Superior. Al examinarlo de cerca, descubrió que tenía doscientos cincuenta años. Sin embargo, le impresionó más otra cosa cuando le quitó la corteza. ¡Era evidente que el día cuando el árbol cayó todavía estaba creciendo! Que usted pueda aprender y crecer de tal manera que incluso en el día cuando termine su vida terrenal usted todavía esté creciendo.

Meditación

Una de las necesidades más grandes de un cristiano es conocer mejor a Cristo.

Oración

Agradézcale a Dios por las treinta y una verdades que usted ha aprendido a través de este devocional. Pídale que use su estudio bíblico personal para ayudarle a aprender una verdad cada día y que ésta impacte la manera en que usted vivirá desde ese día en adelante.

EQUÍPATE & ANÍMATE

EN EVANTELLESPANOL.ORG

INSCRÍBETE EN NUESTROS CURSOS GRATUITOS VIRTUALES DE EVANGELISMO PERSONAL

REGISTRATE PARA VER TODOS LOS CURSOS EN
EVANTELLESPANOL.ORG/START-HERE

VEA NUESTRA BIBLIOTECA DE CAPACITACIÓN POR TEMAS

BUSCA HORAS DE CONTENIDO QUE CUBRE LOS TEMAS MÁS ACTUALES EN
EVANTELLESPANOL.ORG/ VIRTUAL-EVENTS

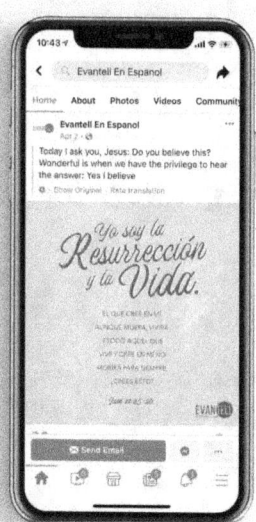

CONTÁCTANOS PARA LLEVAR A CABO UN ENTRENAMIENTO EN VIVO EN TU IGLESIA O LOCALIDA

SÍGUENOS EN:
FACEBOOK.COM/EVANTELLENESPAN
YOUTUBE.COM/EVANTELLENESPAN

VISITA NUESTR
TIENDA
PARA LIBROS,
TRATADOS Y
MÁS RECURSO

VISITE *EVANTELL-ORG.MYSHOPIFY.COM*
COLLECTIONS/SPANISH-RESOURCES PARA
VER NUESTRA COLECCIÓN COMPLETA DE
LIBROS Y RECURSOS

EvanTell, Inc. es una asociación comprometida con una presentación clara del evangelio a través de un estudio cuidadoso de las Escrituras. La visión de EvanTell es llegar a millones de personas en todo el mundo con una presentación bíblica y clara del evangelio de la gracia a través de campañas evangelísticas y la capacitación de los creyentes en la evangelización personal y conversaciones evangelísticas.

¿Necesita ayuda para superar sus miedos al momento de presentar el evangelio, o simplemente saber cómo compartir su fe? EvanTell ofrece tratados evangelísticos, capacitación en evangelización, eventos de divulgación, consultoría y soluciones para cualquier necesidad que tenga en evangelización y divulgación. Queremos ayudar a su iglesia, pastor, institución académica, ministerio paraeclesiástico y a usted a evangelizar y realizar actividades con ese fin. A veces la evangelización no es simple, ¡pero el evangelio siempre lo es! Nuestra capacitación y recursos lo ayudarán a saber cómo evangelizar, cómo usar tratados del evangelio y otros materiales de evangelismo, y cómo dar testimonio. . . ¡sin tener una crisis nerviosa!

P.O.Box 703929, Dallas, TX 75370
800-947-7359
evantell@evantell.org | evantell.org

Para ver más recursos visita
evantell.org/espanol

Facebook @EvantellEnEspanol

www.ingramcontent.com/pod-product-compliance
Lightning Source LLC
Chambersburg PA
CBHW071856070526
44583CB00016B/1709